Thomas Seifert



# Die Täufer zu Münster

agenda

Thomas Seifert

# Die Täufer zu Münster

agenda Verlag
Münster
2023

Dieses Werk entstand mit freundlicher Unterstützung durch
den Landschaftsverband Westfalen-Lippe

LWL

Für die Menschen.
Für Westfalen-Lippe.

Bibliografische Information der Deutschen Nationalbibliothek
Die Deutsche Nationalbibliothek verzeichnet diese Publikation in der Deutschen Nationalbibliografie; detaillierte bibliografische Daten sind im Internet über http://dnb.dnb.de abrufbar.


Drubbel 4, D-48143 Münster
Tel. +49-(0)251-799610
info@agenda-verlag.de, www.agenda-verlag.de

Bilder: Günter Sehrbrock und Andreas Raub

Druck und Bindung: TOTEM, Inowroclaw, Polen

ISBN 978-3-89688-792-4

*Für Fabian*

# VORWORT

Das vorliegende Buch versteht sich als populärwissenschaftliches Werk. Das heißt zweierlei. Zum einen geht es um eine populäre, also für ein breiteres Publikum gut lesbare Darstellung des Themas. Dazu wird bewusst auf ein aufwändiges fachwissenschaftliches Besteck, etwa einen voluminösen Fußnoten-Apparat, verzichtet.

Doch das sollte – zum zweiten – nicht darüber hinwegtäuschen, dass sich die Darstellung auf ein profundes wissenschaftliches Fundament stützt. Die entscheidende Grundlage bilden die bis heute maßgeblichen Forschungen von Dr. Karl-Heinz Kirchhoff (1925 – 2014), dem Historiker und ehemaligen Landesverwaltungsdirektor, der mit seinen grundlegenden Untersuchungen zu Münsters Stadt- und Sozialgeschichte nicht zuletzt auch als „Täuferpapst" von Münster gelten durfte.

Dass Münsters Täuferherrschaft, wenn man sie aller ihr von den Gegnern zugeschriebenen Schauergeschichten entkleidet, einleuchtend erklärbar wird aus einer münsterspezifischen Radikalisierung der Reformation, verschränkt mit der Auflehnung münsterscher Stadtbürger gegen den bischöflichen Landesherrn - insbesondere diese grundlegende These des vorliegenden Buchs verdankt sich den Forschungsergebnissen von Karl-Heinz Kirchhoff, die dieser dem Verlag zur Verfügung gestellt hatte.

Maßgeblichen Anteil an diesem Buch hatte zudem der Historiker Ulrich Grabowsky, der Kirchhoffs Materialien für die Publikation ordnete und aufbereitete. Ohne seine wissenschaftlichen Vorarbeiten, seine kritische Begleitung und sein gründliches Lektorat hätte das Buch in der vorliegenden Form nicht zustandekommen können.

T.S., im Mai 2023

# Inhalt

# AUFRUHR

Zwölf Jahre ist es nun her, seit Martin Luther 1517 seine Thesen an der Schlosskirche zu Wittenberg angeschlagen hat. Trotz aller Widerstände von Kaiser und Kirche hat die Reformation seitdem im ganzen Reich unaufhaltsam an Einfluss und Boden gewonnen. Doch noch gibt es feste Bastionen hergebrachter Gläubigkeit:

»Münster, unter den westfälischen Städten die ansehnlichste, wird durch der Geistlichen Besonnenheit und Standhaftigkeit sowie durch des Rates Ansehen und der vornehmsten Bürger Willen unter Gottes gnädigem Beistand bei der alten Lehre und den alten Bräuchen der Kirche verharren.«

Ist es nur satte Selbstzufriedenheit, die im Jahre 1529 Nikolaus Holtmann, dem Propst von Liebfrauen-Überwasser, die Feder führt? Oder hören wir hier auch eine gewisse bange Besorgnis, ein Pfeifen im dunklen Wald? Der gute Propst hätte allen Grund dazu: In drei Jahren wird Münster eine evangelische Stadt sein, zwei Jahre später eine täuferische – vom eigenen Herrn, dem Fürstbischof Franz von Waldeck, 16 Monate erbittert belagert. Erst nach Verrat wird er die rebellische Stadt in einem fürchterlichen Blutbad zur »alten Lehre und den alten Bräuchen der Kirche« zurückzwingen.

Besonnen-standhafte Geistliche, angesehener Rat, vornehme Bürger – einige Akteure des folgenden Dramas hat Nikolaus Holtmann bereits vorgestellt. Doch da fehlen noch etliche, um die Dynamik der münsterschen Entwicklung jener Zeit wirklich verstehen zu können.

# Münster – eine mittelalterliche Stadt und ihre Bewohner

Da wäre zunächst die Stadt Münster, die der Bischof »seine« Stadt nennt. Zu Recht, denn wie fast alle mittelalterlichen Städte ist sie einem Stadtherrn unterstellt. In den meisten Fällen ist dies der Fürst, der das umliegende Territorium beherrscht. Solche von einer Landesherrschaft abhängigen Städte gehören zu den Landständen, parlamentarischen Vertretungen, die der Fürst bei wichtigen Angelegenheiten auf dem Landtag um Zustimmung bitten muss. Daneben gibt es die Reichsstädte, die allein dem Kaiser untertan sind. Sie schicken ihre Vertreter zu den Reichstagen, wo sie neben den Fürsten Mitbestimmungsrecht haben; die unabhängigen Fürsten selbst – wie der Bischof von Münster – gehören nämlich wiederum zu den Reichsständen, da sie keiner anderen Obrigkeit mehr verpflichtet sind als dem Kaiser.

Münster hat sich im Laufe der Jahrhunderte aus einem Marktflecken zu einer reichen Stadt entwickelt, die sich von ihrem Landesherrn nicht mehr viel sagen lassen muss. Wenn es zu Streitigkeiten kommt, können sich die Bürger im Schutze mächtiger Stadtmauern vor allen Feinden sicher fühlen. Die völlige Hoheit über die Verteidigungsanlagen war ihnen schon im dreizehnten Jahrhundert übereignet worden und sie haben stets dafür gesorgt, dass sich diese auf dem wehrtechnisch neusten Stand befinden.

Zu »unserer« Zeit umgibt deshalb eine mehrere hundert Meter breite und etwa fünf Kilometer lange Befestigungsanlage die Stadt – sie verschlingt übrigens den Löwenanteil der städtischen Finanzen. Ein kleines Flüsslein, die Aa, das die Stadt von Süd nach Nord durchfließt, speist zwei breite, tiefe Wassergräben. Diese und zwei feste, steinerne Wälle bilden ein kaum zu überwindendes Hindernis. Am stärksten ist der mittlere, zwischen den Gräben liegende Wall: Seine Schanzen, Minen, unterirdischen Gänge, Zufluchtsörter und Schwalbennester bieten den Verteidigern jede nur denkbare Möglichkeit, sich selbst zu schützen und den Feind von allen Seiten anzugreifen. Zehn Tore durchbrechen diesen Ring, von denen die meisten als Rundelle ausgebaut sind – ein jedes für sich ist eine kleine Festung.

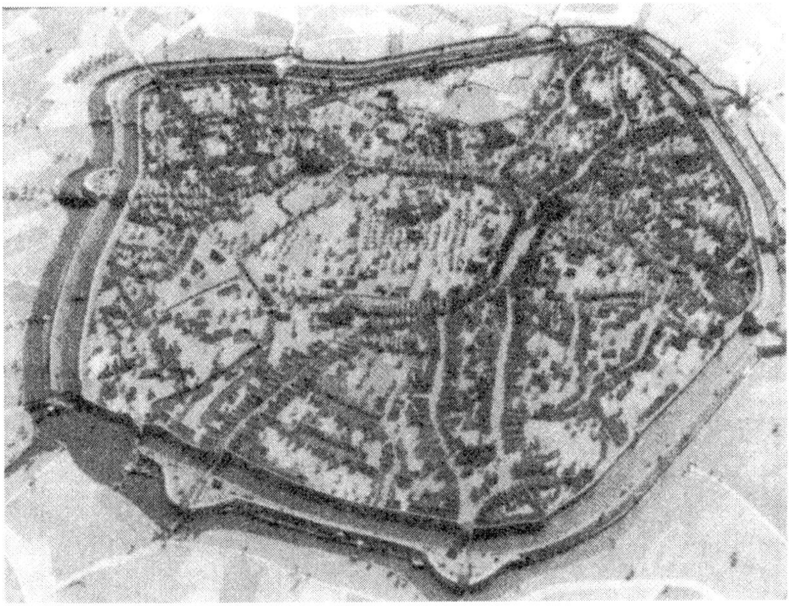

Die Stadt Münster 1533. Ansicht von Süden. Modell 1982.

Benannt sind die meisten dieser Tore nach den Pfarrkirchen der Stadt, von welchen es sechs gibt: Liebfrauen, St. Martini, St. Lamberti (die am Markt gelegene, größte und prächtigste städtische Kirche), St. Servatii, St. Ludgeri und St. Aegidii. Zu jeder dieser Kirchen gehört ein eigener Rechtsraum, das Kirchspiel. Alle innerhalb dieses Bereiches lebenden Menschen sind verpflichtet, ihre kultischen Verpflichtungen in dieser Kirche zu erfüllen: Taufe, Firmung, Beichte, Heirat und Beerdigung. Eine Ausnahme bildet der im Herzen der Stadt gelegene Dom, denn er gehört dem Bischof und dient nicht konkret der seelsorgerischen Pflege der Stadtbevölkerung. Auch Liebfrauen fällt ein wenig aus der Reihe. Es ist die einzige Kirche, die westlich der Aa liegt (und die deshalb auch Überwasserkirche genannt wird). Sie versorgt neben dem Kirchspiel zugleich die Schwestern eines Klosters mit dem Wort Gottes.

Das religiöse Leben wird nicht allein durch den täglichen Gottesdienst in den großen Kirchen bestimmt. Eine Unzahl kleinerer Kirchen, Kapellen und Altäre soll die frommen Christen zum Innehalten einladen. Viele wurden von reichen Kaufleuten gestiftet, damit dort für ihr Seelenheil gebetet werden kann. Wer es sich leisten konnte, hat den Priester gleich mitbezahlt. Der Himmel ist – unter der Ägide der katholischen Kirche und des Ablasshandels – für reiche Leute käuflich.

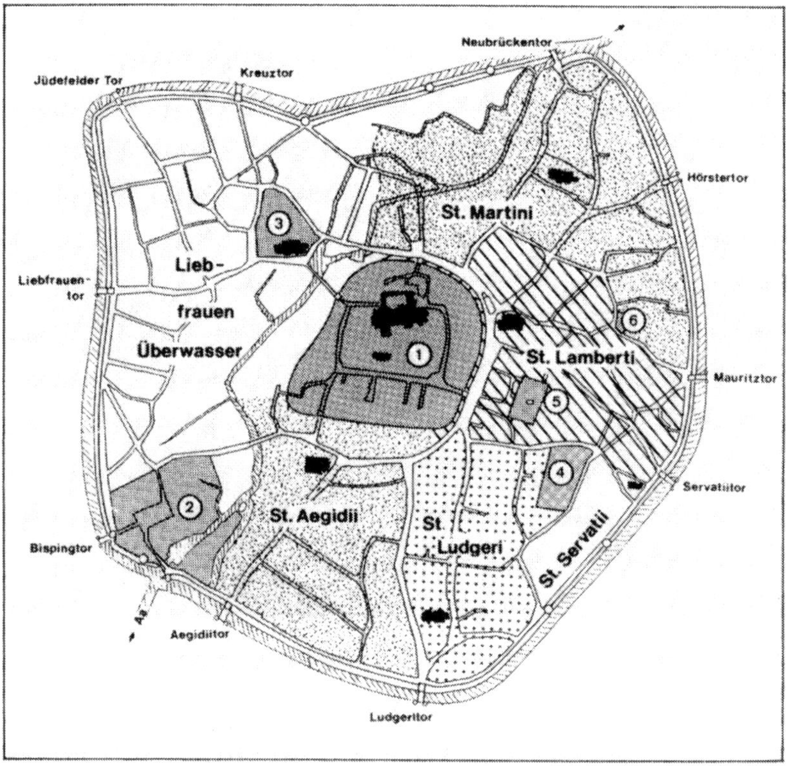


Kirchliche Rechtsbezirke in Münster. Entwurf von Karl-Heinz Kirchhoff. 1. Domhof, 2. Bispinghof, 3. St. Marien-Überwasser, 4. Domdechantsfreiheit (Niesing-, Paulifreiheit), 5. Immunität der Synagoge bis 1350, 6. Freiheit „In der Askese“

Die Stadt ist frei – aber sie ist nicht ganz frei. Ihr Herr, der Bischof des gleichnamigen Bistums, hat seine alten Rechte nicht ganz abgetreten. Zum einen sind die Bürger nach wie vor seiner Gerichtsbarkeit unterworfen – in regelmäßigen Abständen hält sein Richter, der Offizial, Gericht im »Paradies«, einem Seitenraum des bischöflichen Domes. Vor allem Schuldsachen werden von ihm geregelt. Das bürgerliche Gericht hingegen tritt vor dem Rathaus zusammen. Es behandelt sämtliche städtische und wirtschaftliche Angelegenheiten. Gleichwo – an Gerichtstagen kommt es immer zu großen Aufläufen, Geschrei und Zank.

Zum anderen besitzt der Bischof Land in der Stadt – zu einer Zeit, in der sich Freiheit und Macht nicht anders als aus Landbesitz herleiten ließen. Das heißt: Die Stadt hat über große Teile innerhalb ihres Mauerrings keine Verfügungsgewalt. Diese Bereiche nennen sich Immunitäten oder Freiheiten. In ihnen gilt ein gesondertes Recht und wer sich dort aufhält, ist geschützt vor städtischem Zugriff. Verbrecher können dort Asyl erhalten. Gerade in einer Bischofsstadt wie Münster ist der Anteil der Immunitäten sehr groß. Ungefähr ein Fünftel des Stadtgebietes gehört dem Bischof und Landesherrn.

Dasselbe gilt für einen Teil der Einwohnerschaft: den Klerus und seine Bediensteten, die innerhalb der Immunitäten leben. Von den gut zehntausend Einwohnern gehören etwa 750 – jeder dreißigste – zum Bischof. Die eine Hälfte dieser Gruppe ist den Kirchen zugeordnet – die Domherren, Pfarrer, Kapläne; die andere Hälfte wohnt in den Klöstern – Nonnen, Mönche, Novizen, Laienbrüder und -schwestern. Am mächtigsten unter all diesen sind die 40 Mitglieder des Domkapitels, Dom- oder Kapitelherren genannt – und dies sind Holtmanns besonnen-standhafte Geistliche. Sie bilden die Priestergemeinschaft der Domkirche, sind direkt dem Papst unterstellt und sogar von der bischöflichen Rechtsgewalt befreit.

Als Vertreter des Höheren Klerus sind es samt und sonders Adlige. Ihre priesterlichen Aufgaben lassen sie von geistlichen Stellvertretern – Domvikaren – erledigen, während sie sich den erlaubten Freuden ihres

Standes, der Jagd oder dem Vogelfang, widmen – sowie den verbotenen Freuden: Völlerei, Ausschweifung, Dirnen. Bei seltenen Stadtbesuchen sieht man sie stets von einer großen Schar Bediensteter begleitet – ein vorzügliches Mittel, den eigenen Reichtum zu demonstrieren. Finanziert wird dieses prachtvolle Leben aus Pfründen – in diesem Falle reiche Landgüter, die zum Besitz der Domkirche gehören. Diese Kapitelherren sind mächtig: Sie dürfen den Bischof wählen. Und weil das Bischofsamt mit weltlicher Macht verbunden und deshalb begehrt ist, waren deren Kandidaten bald gezwungen, ihren Wählern Rechte zuzugestehen, festgehalten in einer sogenannten Kapitulations-Urkunde. Auf diese Weise erwarb das Domkapitel im Laufe der Zeit Mitspracherechte – es wurde zu einer Nebenregierung.

Der niedere Klerus hingegen ist mitunter bettelarm. Die Pfarrer, die Pfründe sammeln dürfen, jedoch nur selten. Betroffen war aber die unterste Ebene – die Vikare oder Kapläne, denen dies verboten ist. Diese Pfründe sind in der Regel an Kirchen oder Altäre gebunden, es sind Vermögen, Ländereien oder ähnliches, die zum Unterhalt der Pfarrgebäude und Amtsinhaber bestimmt wurden (oft sind es Stiftungen). Nun kann ein Pfarrer Pfründe sammeln, so viel er will – er kann ja doch nur an einem Ort zugleich sein. Für die eigentliche geistliche Arbeit muss er einen Ersatzmann anstellen, der ihn gegen ein niedriges Gehalt in der Gemeinde vertritt: einen Vikar oder Kaplan eben. Diese armen Schlucker – selbst Opfer des kirchlichen Pfründensystems – waren zum Trost meist beliebt in ihrer Gemeinde.

Eine Sonderstellung haben die Klöster. Sie sind – in Münster sogar überwiegend – Versorgungsanstalten für unverheiratbare adelige Töchter oder überzählige männliche Erben. Sie sind außerdem Bildungsstätten. Und nicht zuletzt betreiben sie Handel und Handwerk – vor allem Weberei. *Ora et Labora* – ‚Bete und Arbeite!' hat eben nicht nur seine gottgefälligen, sondern auch sehr handfeste materielle Seiten. Dies wäre kaum erwähnenswert, wenn sich die webenden Nonnen nicht gewisser Vorteile erfreuten: Sie sind von allen bürgerlichen Abgaben und zünftischen Pflichten befreit, genießen aber trotzdem den Schutz der teuren Stadtmauern. Sie sind eine Konkurrenz unter dem Schutz ihrer Konkurrenten.

Das Stadtbürgertum Münsters ist nach seinen eigenen, weltlichen Regeln organisiert. Weltliche Regel, das heißt: Wer Grundbesitz hat, der kann in den Kreis der »guden lude«, der vollberechtigten Bürger, aufgenommen werden. Wer von außerhalb zuzieht, hat eine Aufnahmegebühr und einen Bürgereid zu leisten. Die Stadt versteht sich als Genossenschaft und jeder gewöhnliche Bürger ist genossenschaftlich organisiert: Zünfte oder Gilden regeln streng, was handwerklich und wirtschaftlich gestattet ist, Schützenbruderschaften kümmern sich um militärische Ausbildung und Gebetsbruderschaften sorgen sich um das Seelenheil ihrer Verstorbenen.

Bruderschaften lindern gleichfalls die soziale Not der Unterschichten. Verarmte Handwerker, stellungslose Gesellen oder Dienstboten, kranke familienlose Alte, fahrendes Volk – dieser Bodensatz der städtischen Einwohnerschaft ist entrechtet und bedeutungslos, und daher namen- und geschichtslos.

Erfasst werden die Stadtbürger nach den sechs Wohnquartieren, den Leischaften, die sich größtenteils mit den alten Kirchspielen decken und auch nach diesen benannt sind – es fehlt allerdings eine Leischaft St. Servatii, stattdessen ist das Überwasser-Kirchspiel zweigeteilt.

An der Spitze der Bürgerschaft steht der Rat, der sowohl die gesetzgebende als auch die exekutive Gewalt inne hat. Dieser vertritt die Stadt gegenüber dem Bischof und in allen auswärtigen Angelegenheiten. Er ist für die Erhebung von Steuern, für die Ausübung der Militär- und Münzhoheit und anderer Rechte zuständig. An seiner Spitze stehen zwei Bürgermeister. Zur Ratswahl versammeln sich die Bürger der Leischaften jährlich in der Fastenzeit und wählen aus ihrer Mitte zunächst Wahlmänner, die

Koergenoten (Kurgenossen). Die vier Leischaften rechts der Aa wählen je zwei, die beiden aus Überwasser je einen. Diese zehn Koergenoten bestimmen nun vierundzwanzig Ratsherren, die wiederum aus ihrer Mitte die beiden Bürgermeister wählen. Kompliziert, aber, so sollte man meinen, doch schon halbwegs demokratisch: Jeder (männliche) Bürger darf wählen.

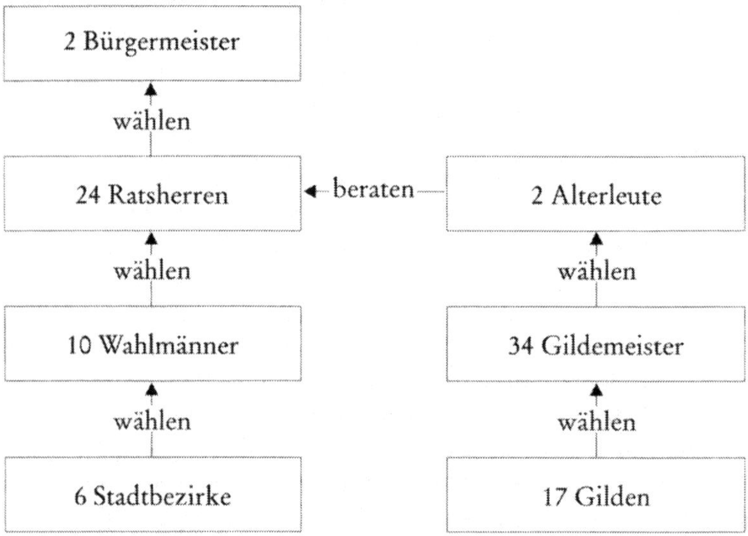


*Wahlordnung der Stadt Münster*

Aber mit heutigen Vorstellungen kommen wir dem damaligen »Demokratieverständnis« kaum bei. Beim passiven Wahlrecht, bei der Frage also, wer gewählt werden kann, gelten strenge Maßstäbe. Neben einem guten Leumund, neben Ansehen und bisherigen Verdiensten gilt vor allem die »Abkömmlichkeit« als wichtig: Wer gewählt werden will, muss aufgrund seiner persönlichen Lage die Gewähr bieten, das Ehrenamt auch gebührlich ausfüllen zu können. Deshalb finden wir im Kreis dieser Stadthonoratioren fast ausschließlich Kramer und Wantschneider, die über das zur Ausübung ihrer Amtsgeschäfte nötige Kapital verfügen und die aufgrund ihrer Reisetätigkeit wie geschaffen sind, Außenpolitik zu betreiben. Des weiteren ist es üblich, dass einmal Gewählte praktisch bis ans Lebensende wiedergewählt werden, es sei denn, sie hätten sich schwere Fehler zuschulden kommen lassen. So kristallisiert sich eine relativ fest umrissene Schicht von »ratsfähigen« Bürgern und Familien heraus, die sich zudem noch durch gezielte Heiratspolitik fester zusammenschließt. Nur größere Erschütterungen und Verschiebungen der innerstädtischen Gewichte brechen diese ratsfähigen Kreise auf und eröffnen Neulingen eine Chance zum Aufstieg.

Neben dem Rat ist in Münster ein zweites Zentrum politischer Macht entstanden: die Gesamtgilde. Sie besitzt eine eigene Versammlungsstätte, das Schohaus. Die Gesamtgilde bildet den Zusammenschluss von 17 Einzelgilden, in denen die Kaufleute und Handwerker der Stadt organisiert sind und die je zwei Gildemeister an ihrer Spitze stehen haben. In der Gesamtgilde treten diese vierunddreißig Gildemeister zusammen, um aus ihrer Mitte die beiden Alterleute (Alder- oder Olderlude) zu wählen, die die Gesamtgilde nach außen vertreten, vor allem gegenüber dem Rat. Die Gesamtgilde versteht sich selbst nicht nur als Vertreterin ihrer Mitglieder, der »gegildeten« Bürger, sondern darüberhinaus als Sprecherin der gesamten Bürgerschaft, auch der »ungegildeten« Handwerker.

Für die Führer der Gilden gelten ähnliche Maßstäbe wie für die Auswahl der Ratsherren, wenn auch in abgeschwächter Form. So finden wir auch in ihren Kreisen vornehme und reiche Stadtbürger, die sich im sozialen Habitus oft nur unwesentlich von den Ratsherren unterscheiden.

Und schließlich existiert – neben Rat und Gilden – noch die Gemeinheit. Diese Bezeichnung wird mehrdeutig gebraucht. Im engeren Sinne umreißt sie die Bürger, die keiner Gilde angehörig sind. Selbst in dieser engeren Fassung können ihr durchaus wohlhabende Bürger angehören, denn etwa Weinhändler, Müller oder Apotheker sind nicht gegildete Berufe. Überwiegend haben wir es hier mit Bürgern zu tun, die oft an der

Grenze zur Stadtarmut leben. Meistens bezeichnet »Gemeinheit« freilich – im weiteren Sinne – die gesamte Bürgerschaft mit Ausnahme von Rat und Gildenführung.

In diesem Zusammenhang ist es wichtig, ein verbreitetes Missverständnis auszuräumen. Alte Quellen verwenden gelegentlich den niederdeutschen Begriff »pofel«, der in neuerer Zeit gerne mit »Pöbel« übersetzt wird. Er ist aber ursprünglich nichts anderes als die Eindeutschung des lateinischen »populus«, das Volk, womit die Gesamtheit der Bürgerschaft außer den Ratsherren und Gildeführern gemeint ist, also die Gemeinheit im weiteren Sinne. Diese Bezeichnung hat damit eine große Spannweite. Sie reicht vom einfachen Handwerker bis zum reichen Kaufmann, unter Umständen auch bis zu einem Erbmann, der nicht im Rat sitzt. Wortführer dieses »populus«, etwa im Falle eines Auflaufs, sind selbstverständlich immer die Angesehensten, in der Regel also vornehme und reiche Bürger. Wenn nun in neueren Übersetzungen vom Pöbel der damaligen Stadt die Rede ist, wäre nichts falscher, als sich darunter zerlumpte Gestalten vorzustellen, die nichts zu verlieren hatten als ihre Ketten. Auf diesem Missverständnis beruhen nicht nur viele Verketzerungen, sondern auch umgekehrt manche falschen Romantisierungen der münsterschen Täuferzeit, während der dieser »populus« ja in der Tat eine große Rolle spielte.

Die Gemeinheit hat kein eigenes politisches Vertretungsorgan. Hier vertritt sich jeder selbst und der Versammlungsort ist die Straße. Die – in solchen Fällen meist aufgebrachten – Bürger laufen auf den Straßen zusammen, schreien ihren Unmut heraus und schauen, wie stark sie sind, indem sie sich zu Gruppen vereinigen, deren Mitglieder dieselbe Meinung vertreten. Immer sind sie bei solchen Aufläufen bewaffnet – denn an der Waffe erkennt man den vollberechtigten Bürger, den Spießbürger, dessen Stimme allein zählt. Wenn klar ist, wo die Sache hinführt, nimmt sich ihrer in der Regel die Gesamtgilde an. Das kühlt die angeheizte Stimmung ab und sorgt dafür, dass ein Streit in der Bürgerschaft nicht ausartet. An einem Pfeiler gilt es nämlich nicht zu rütteln: der Einheit der Stadt und dem Konsens ihrer Bürger.

Doch unter dem Mäntelchen der innerstädtischen Eintracht kommt es immer wieder zu Gerangel. Wir können hier – ähnlich wie in anderen Städten – Verschiebungen im Machtgefüge von Münsters Oberschicht beobachten.

Ursprünglich wird der Rat, also die Stadtobrigkeit, ausschließlich aus den Familien der sogenannten »Erbmänner« besetzt. Diese Geschlechter, sozusagen das Stadt-Patriziat, haben sich über Jahrhunderte einen Status erworben, der dem des niederen Adels gleichkommt. Sie schließen sich – vor allem durch ihre Heiratspolitik – gegenüber anderen Schichten der Bürger ab und orientieren sich auch in ihrer Lebensführung mehr und mehr am Vorbild des Adels: Sie beziehen Landsitze und versuchen, in den Stand der Ritterschaft aufzusteigen.

Parallel zum allmählichen Rückzug der Erbmänner aus der Stadtpolitik vollzieht sich der Aufstieg der Gildeführer, der »Honoratioren«. Seit der Mitte des 15. Jahrhunderts hat die Gesamtgilde nicht nur ein gewichtiges Mitbestimmungsrecht in der Stadt, sondern ihre Vertreter dürfen auch die Hälfte der Ratsmandate besetzen. Diese Aufsteiger beginnen sogleich mit dem Versuch, nach dem Vorbild der Erbmänner einen relativ geschlossenen Geschlechterkreis zu bilden. Die damit entstehende Schichtung können wir als »Alt-Honoratioren« bezeichnen.

An ihre Stelle in der Führung der Gesamt- und Einzelgilden rücken neue Familien. Auch sie sind Aufsteiger, oft genauso reich und angesehen wie die Erbmänner und Alt-Honoratioren. Mit der mitbestimmungsberechtigten Gesamtgilde verfügen diese »Neu-Honoratioren« über ein mächtiges Instrument, um auf die Stadtpolitik Einfluss zu nehmen. Ehrgeizig und machtbewusst sehen sie den etablierten Erbmännern und Alt-Honoratioren auf die Finger und warten auf die Gelegenheit, selbst in die Positionen der Stadtobrigkeit aufrücken zu können.

Vielleicht verstehen wir nun besser, warum Propst Holtmann im Jahr 1529 ganz bestimmte Gruppen der Bevölkerung aufführt: Hoher Klerus und Rat, Erbmänner und Alt-Honoratioren – sie sind die Garanten der altgläubigen Stabilität Münsters. Doch ob Selbstzufriedenheit oder Besorgnis – ganz sicher spricht aus Holtmanns Bestandsaufnahme auch ein guter Teil Erleichterung. Denn es ist noch nicht so lange her, dass die katholischen Führungsschichten der Bischofsstadt ein erstes Aufwallen reformatorischer Bestrebungen glimpflich überstanden haben.

Der Anlass dazu war alles andere als ein theologischer. Zwar ging es um ein Kloster – das Frauenkloster Niesing – aber was heißt das schon? Klöster waren damals eben – wie die Kirche insgesamt – beileibe keine rein religiösen Einrichtungen.

## Ein unerhörter Vorfall

Als am 22. Mai 1525 eine befreundete Äbtissin das Kloster der Augustinerinnen auf dem alten Niesing-Hof, der sogenannten Niesing-Schwestern, betreten will, schlüpfen neben ihr drei Männer ungebeten herein. Sie führen offenbar nichts Gutes im Schilde, denn sie haben sich vermummt. Und in der Nähe des Klosters gewahren die Nonnen eine größere Menschenmenge, die mit Säcken und Körben bewaffnet ist. Das sieht verdächtig nach einer Aktion von »zoppenfrettern« aus, jenen hungernden Armen, die zu dieser Zeit überall die Klöster auf der Suche nach Nahrung belagern. Steht gar eine Plünderung ins Haus?

Die Schwestern wären einem solchen Ansturm wehrlos ausgeliefert gewesen, wenn nicht eine Dienstmagd die Eingedrungenen erkannt und bei ihren Namen genannt hätte. Die Entlarvten müssen deshalb von möglichen weiteren Plänen Abstand nehmen – sie lassen sich mit einem guten Abendbrot abspeisen. Die draußen Wartenden ziehen mit leeren Händen wieder ab.

Es ist nicht viel geschehen. Trotzdem genügt dieser Vorfall dem Rat, die drei Rädelsführer kurzerhand verhaften zu lassen. Das erweist sich als ein Fehler, denn die drei Übeltäter sind offensichtlich beliebt in der Gemeinheit. Eine empörte Menschenmenge folgt den Häschern auf dem Fuße und versammelt sich vor dem Rathaus. Sie fordert, die Gefangenen auf der Stelle freizulassen.

Daraufhin schaltet sich die Gesamtgilde ein. Hier wurden offenkundig ihre verbrieften Rechte verletzt – sie muss den Verhaftungen vorher zustimmen. Die ehrgeizigen Gildenführer wittern eine gute Gelegenheit, den Erbmännern und Alt-Honoratioren im Rat auf die Finger zu klopfen.

Gleichzeitig nehmen sie jedoch die grundsätzliche Kritik an den Klöstern auf, insbesondere an ihrem bevorrechtigten Status und ihrer Konkurrenz zu den Handwerkern der Stadt. So war das Gerücht aufgekommen, die Augustinerinnen betrieben 100 Leinwebstühle. Diese sollen sie gefälligst herausgeben, außerdem ein anderes Kloster, das Fraterherren-Haus, seine Werkzeuge zur Pergamentherstellung. Soziale und wirtschaftliche Beschwerden stehen damit im Vordergrund. Reformatorisches Gedankengut scheint bei diesem Vorfall nur eine geringe Rolle zu spielen.

## Kritik an der Kirche – darf man das?

Dennoch lieferte die Reformation eine ausschlaggebende Bedingung für dieses Aufbegehren der Bürger: Antiklerikalen Unmut, der sich an Privilegien und Lebenswandel des Klerus entzündete und sich etwa in Spöttereien Luft machte, hatte es schon oft gegeben. Doch stets erwies sich das Bewusstsein als übermächtig, diese Kirche – trotz der Unzulänglichkeit ihrer Vertreter – nötig zu haben: Sie nämlich war die Instanz, die das »Seelenheil« vermittelte, das wichtigste Lebensziel des mittelalterlichen Menschen.

Die damalige offizielle Theologie ging davon aus, dass die Sakramente sozusagen »objektiv« wirkten. Egal, wer sie spendete (und führte er ein noch so liederliches Leben), und egal, wem sie gespendet wurden (und sei er ein noch so großer Sünder) – sie wirkten. Sie bewirkten das Seelenheil, wenn sie von berechtigter Hand gespendet wurden. Keine Frage, dass die Versuchung groß war, aus diesem »objektiven« Gut, auf das die Kirche ein Monopol hatte, einen einträglichen Handelsartikel zu machen – wie es etwa mit den Ablasszetteln dann ja auch geschah.

Und dagegen trat nun die mächtige Botschaft Luthers und der anderen Reformatoren auf: Erlöst wird der Mensch allein durch die Gnade Gottes. Die aber lässt sich nicht erkaufen oder erzwingen. Nur im Glauben an das Wort und die Gnade Gottes liegt das Seelenheil, nicht im Kauf von Ablasszetteln oder dem äußerlichen Empfang der Sakramente, die die Kirche spendet.

Auch heute noch lässt sich vorstellen, welche Wirkung diese Botschaft selbst auf Menschen haben musste, die sich für theologische Expertendiskussionen nicht sonderlich interessierten: Kirche und Klerus verloren schlagartig den Nimbus der Unentbehrlichkeit und letztlichen Unantastbarkeit. Kritik an Auswüchsen der Kirchenpraxis war plötzlich nicht mehr notwendigerweise mit dem Verlust des persönlichen Seelenheils verbunden.

So finden wir in Münster im Mai 1525 den geradezu klassischen Verlauf eines »Aufruhrs«, wie er um diese Zeit in vielen Städten des Reiches abläuft: Es kommt zu antiklerikalen Unruhen, die Obrigkeit greift ein, die Gilden machen sich zu Sprechern der Unzufriedenen, zur Rechtfertigung dient reformatorisches Gedankengut. Die Meinungsverschiedenheiten werden sowohl politisch wie theologisch ausgetragen. Am Ende dieses Verlaufs stehen in der Regel zwei miteinander eng verknüpfte Ergebnisse: Das Mitspracherecht der Gilden in Sachen Stadtregiment wird gestärkt (oft kommt es zu regelrechten Zunftverfassungen), die Reformation setzt sich offiziell durch. In Münster freilich zeigt sich bald eine Abweichung von diesem typischen Muster, eine Abweichung, die gravierende Folgen haben soll.

## Der Rat knickt ein

Zunächst geht alles nach bekannter Manier: Im Verlauf weniger Tage formuliert ein Bürgerausschuss – zu gleichen Teilen besetzt von Vertretern des Rates, der Gesamtgilde und der Gemeinheit – eine Liste von 34 Artikeln, einen Beschwerdekatalog. Den kupfern die münsterschen Bürger zu großen Teilen von einem Dokument ab, das wenige Wochen zuvor in Frankfurt aus ganz ähnlichem Anlass verfasst worden war. Ergänzt um einige speziell münstersche Anliegen, fordert der Katalog im wesentlichen soziale und wirtschaftliche Neuregelungen: Der Klerus soll besteuert, der Kirchenbann abgeschafft, die Gerichtsbarkeit rein weltlich werden. Den Klöstern will man gewerbliches Arbeiten verbieten; und schließlich verlangt die Bürgerschaft, mitbestimmen zu dürfen, wer Kaplan in ihren Pfarreien werden darf.

Am 27. Mai stimmt der Rat, von der Gesamtgilde und einem Volksauflauf in seiner Meinungsbildung nachhaltig unterstützt, dem Forderungskatalog zu. Der Bürgerausschuss, begleitet von einer großen Menschenmenge, lässt sich von Niesing-Schwestern und Fraterherren deren Werkzeuge und Rentenbriefe aushändigen. Man findet – nebenbei bemerkt – statt der vermuteten hundert Webstühle lediglich elf, doch auch damit sind die Schwestern zu einer Zeit, da einem bügerlichen Webmeister vier Webstühle erlaubt sind, quasi ein Großbetrieb.

Sodann kommt die nächste Instanz an die Reihe: Nachdem die Stadttore geschlossen sind – man befürchtet ein militärisches Einschreiten des Bischofs –, soll auch das Domkapitel den Katalog unterschreiben. Unter Druck bestätigen die Domherren einige der Artikel, wissen dann offenbar eine Unachtsamkeit zu nutzen und suchen schleunigst das Weite.

Das aber war's fürs Erste. Jetzt nämlich schaltet sich der Landesherr ein, der Fürstbischof Friedrich von Wied. Er lehnt die Forderungen rundheraus ab und wirft dem Rat der Stadt Kompetenzüberschreitung vor. Seine

Position ist nicht schlecht: Er weilt – wie immer – nicht in der Stadt, ist also der Empörung der Bürger nicht ausgesetzt. Vor allem aber: Er hat den Rücken frei. Soeben haben die fürstlichen Heere die Bauernaufstände im Reich blutig beendet und stehen bereit, rebellische Städte wieder zur Räson zu bringen. In brieflichen Verhandlungen rückt der Rat Stück für Stück von den Forderungen der Bürger ab und zieht schließlich, im März 1526, in einem Vertrag, der zu Dülmen mit dem Bischof abgeschlossen wird, den ganzen Katalog förmlich zurück.

Warum die Gesamtgilde als Sprecherin der Gesamtbürgerschaft dieses Zurückweichen des Rates weitgehend widerstandslos hinnimmt, ist wohl nicht nur mit der »außenpolitisch« starken Position des Bischofs zu erklären. Ein innerstädtischer Grund spielt eine weitaus gewichtigere Rolle: Seit Mitte des vorherigen Jahrhunderts nämlich verfügt Münster über jene eigenartige Doppelstruktur im Stadtregiment, nach der nicht nur Gildebürger neben die Erbmänner in den Rat gerückt sind, sondern zugleich die Gilden ein Mitspracherecht bei allen wichtigen städtischen Entscheidungen haben.

So fehlt der Ansporn für die vornehmen Gildeführer, die bürgerschaftlichen Anliegen des Jahres 1525 auch aus eigenem Interesse mit letzter Konsequenz durchzufechten. Denn abgesehen davon, dass sie in ihrem sozialen Status den Ratsherren recht nahestehen, ist ihr Einfluss ja ohnehin schon rechtlich gesichert.

Und können sie nicht sehr zufrieden sein? Im Machtgerangel mit dem Rat haben sie einen klaren Punktsieg errungen. Der Rat ist blamiert: zuerst – ungeschickt – als Polizeibüttel des Klerus, dann – unter Druck – als Sprachrohr der Gilde, zuletzt – aus Schwäche – eingeknickt vor dem Bischof. Die Gesamtgilde hingegen steht da als Anwalt berechtigter Bürgerinteressen. Für das Stadtregiment und für die Außenpolitik Münsters wiederum ist sie nicht verantwortlich zu machen.

So also bleibt denn die Entwicklung, die andernorts aus ähnlichen Anlässen zu starken Zunftverfassungen, zum Aufstieg der Gildebürger und zur Ausbreitung der städtischen Kirchenreformation führt, in Münster zunächst auf halbem Wege stecken. Für die reformatorischen Bestrebungen, die es natürlich auch in Münster bereits gibt, ist dies sogar ein vorübergehender Rückschlag: An vier Pfarrkirchen wurden Kapläne wegen »Neuerungssucht« entlassen. Einer von ihnen, Lubbert Cansing, der bei der Abfassung der Beschwerdeartikel mitgeholfen hat, soll sogar Änderungen beim Taufsakrament vorgenommen haben. Die Proteste aus den Gemeinden gegen diese Entlassungen halten sich offenbar in Grenzen.

Aber: Aufgeschoben ist nicht aufgehoben. Die Probleme, auf die Bürgerunruhen und Kirchenreformation eine Antwort geben, sind nämlich längst nicht gelöst. Sie verschärfen sich nach 1525 sogar noch weiter.

## Es gärt weiter

Es ist nur zu verständlich, dass die Menschen in jenen Jahren das Gefühl haben, in einer Krisenzeit zu leben. Der jahrhundertealte Hort der Stabilität, das heilige römische Reich, wird in bisher nicht bekannter Weise herausgefordert. Die erfolgreichen Kriegszüge der Türken – die bis vor die Mauern von Wien führen – erschüttern nicht nur das habsburgische Kaiserreich, sondern auch das Weltbild der damaligen Christen. Bilden die türkischen Truppen am Ende gar jene heidnischen Heerscharen, deren Auftauchen nach der Bibel den Jüngsten Tag ankündigen?

Doch auch vor der eigenen Haustür sind für Münsters Bürger Krisenerscheinungen mit Händen zu greifen. Der Hauptexportartikel der Hansestadt Münster ist die münstersche und münsterländische Leinwand. Die Krise der Hanse an der Wende vom 15. zum 16. Jahrhundert kann Münster noch halbwegs ausgleichen. Die Stadt verfügt über starke Verbindungen zum niederländischen Raum, die über die Hansekontakte hinausgehen. Doch dann geraten auch die Niederlande in den 20er

Jahren des 16. Jahrhunderts in eine Wirtschaftskrise, insbesondere die Textilindustrie. Nun ist Münster doppelt hart betroffen. Dazu leidet das bäuerliche Umland unter schlechten Ernten – insbesondere einer katastrophalen Missernte im Jahr 1529, was die Lebensmittelpreise um das Vierfache in die Höhe treibt.

Demgegenüber muss die selbstgefällige Ruhe, in der Münsters kirchliche wie weltliche Obrigkeit die Dinge in den alten Gleisen zu halten sucht, geradezu aufreizend wirken. Kein Wunder also, dass es unter der Decke weiterbrodelt.

Im Jahr 1527 bricht die Unzufriedenheit erneut aus. Der münstersche Bürger Anton Kruse erscheint in Begleitung einer kleineren Anhängerschar vor den Schranken des bischöflichen Gerichtes, beschimpft den geistlichen Gerichtsherrn und bedroht ihn gar mit seinem Degen. Missachtung des Gerichts, Entweihung der Gerichtstätte – das ist eine üble Tat. Der Bischof verlangt deshalb von der Stadt, den Mann zu verhaften und zum Tode zu verurteilen. Vor den Häschern des Rates flüchtet Kruse zu den Fraterherren, wodurch eine paradoxe Situation entsteht: Der Rat kann den Befehl des Bischofs nicht ausführen, weil Kruse in den Schutz des Bischofs geflüchtet ist. Erst nachdem die Erlaubnis zur Verletzung der Immunität eingeholt ist, darf er zur Tat schreiten. Der gereizten Stimmung zum Trotz unterlässt man es auch diesmal, vorher die Erlaubnis der Gilden einzuholen. Stattdessen wendet der Rat sich an den Bischof! Gilden und Gemeinheit müssen dies als offene Missachtung auffassen. Sie protestieren auf das Schärfste und verlangen eine Begnadigung des Angeklagten. Kruse wird schließlich, hart genug, auf Lebenszeit aus der Stadt verbannt – der Bischof zeigt sich damit übrigens durchaus einverstanden.

Trotzdem hat die Sache ein Nachspiel. Wenige Monate später ergreift der Bischof den Wortführer dieses Aufbegehrens, als der zu einer Handelsreise den Schutz der Stadtmauern verlässt. Der Mann ist ein schwerreicher und angesehener Leinwand-Händler, seine Anhänger protestieren massiv und er muss gegen Zahlung einer Buße wieder freigelassen werden. Spätestens mit diesem Handstreich aber hat der Bischof sich innerhalb der Stadt einen einflussreichen und unversöhnlichen Feind geschaffen. Sein Name: Bernd Knipperdolling.

Bernd Knipperdolling. Stich von Heinrich Aldegrever 1536.

So ist das Klima zwischen bischöflichem Landesherrn und weiten Kreisen der Bürgerschaft gegen Ende der 20er Jahre bereits beträchtlich angeheizt. Doch noch ist eine wesentliche Schwäche des aufstrebenden Bürgertums, die 1525 sichtbar geworden war, nicht behoben: Bislang fehlt es an einem programmatischen Kopf, an jemandem, der in der Lage ist, die verbreitete Unzufriedenheit mit den alten Zuständen theoretisch – und das hieß damals notwendigerweise theologisch – auf den Begriff zu bringen. Seit 1530 aber zeichnet sich ab, wer dieser Kopf werden könnte: Bernhard Rothmann, Prediger und Kaplan im Stift St. Mauritz, einen Steinwurf entfernt vor den Mauern der Stadt.

## Der kommende Mann: Bernhard Rothmann

Rothmann war etwa 1495 in Stadtlohn als Sohn eines Schmieds in ärmlichen Verhältnissen zur Welt gekommen. An der Domschule zu Münster studierte er unter anderem bei dem bekannten Humanisten Hermann Buschius. Nach Beendigung der Schule übernahm er einen Posten als Lehrer in Warendorf. Dort erwarb er sich die Geldmittel für ein Studium in Mainz, das er 1524 mit der Magisterwürde abschloss.

Zeitgenossen und Biographen charakterisieren Bernhard Rothmann als raschen, stürmischen Geist, leicht erregbar und kühn vorwärtsstrebend, dabei immer wieder von neuen Zweifeln gequält. Seine Neigung zu stiller Selbstarbeit sei verbunden gewesen mit dem Drang, sich nach außen zu betätigen. Man bescheinigt ihm hervorragende Anlagen, eine feine Bildung, große Belesenheit sowie die Fähigkeit zu dialektischer Schärfe. Was sein Aussehen angeht, müssen wir uns an die Fahndungsbeschreibung nach 1535 halten: ein gedrungener, kräftiger Mann mit kräftigem braunem Haar und blassem Gesicht, er pflegte eine sogenannte »spanische Kappe« zu tragen.

Vermutlich auf Vermittlung Hermann Sibings, des Vikars von St. Mauritz, erhält er 1525 eine Stelle als Kaplan an der dortigen Stiftskirche. Schon bald glaubt man bei ihm »neugläubige« Töne herauszuhören und schickt ihn für ein Jahr zum Theologiestudium nach Köln, wo die alten scholastischen Lehren noch am beständigsten gelehrt werden.

Im Jahr 1530 kehrt Rothmann zurück. Doch zum Schrecken seiner Vorgesetzten stellt sich heraus: Er hat seine ketzerischen Meinungen nicht geändert, sondern offenbar verstärkt. Rothmanns Predigten in St. Mauritz entwickeln sich zusehends zu einer Attraktion. Viele Bürger Münsters wandern vor die Tore der Stadt, um ihn zu hören. Der Überlieferung nach predigt er zu dieser Zeit vor allem die Hauptlehre Luthers – von der Rechtfertigung des Menschen allein durch den Glauben und von der Wertlosigkeit der Werke an sich. Zu dieser Zeit beharrt er kompromisslos auf dem Schriftprinzip – ein Zug, der seine spätere theologische Entwicklung lange Zeit kennzeichnen wird: Bestand hat ausschließlich das, was im überlieferten Wort Gottes, der Heiligen Schrift, nachweisbar und überliefert ist.

Heftig verwirft er die Kirchenlehre vom Fegefeuer als »Faselei und Betrug, ein erdichtetes Werk«. In dieser Ablehnung können wir heute eine Vorstufe zu seiner späteren theologischen Entwicklung entdecken, in der die Endzeiterwartung, die Vorbereitung auf den Jüngsten Tag, eine so große Rolle spielt.

Das »Fegefeuer« war tatsächlich eine wichtige Erfindung der mittelalterlichen Kirche. Es bedeutete ja schlicht: Über das höchste Gut des damaligen Menschen, das Seelenheil, wird nicht schon unmittelbar nach seinem Tode entschieden. Ob er zur Hölle verdammt oder in das Reich der Seligen aufgenommen wird, darauf können er und seine Angehörigen auch nach seinem Tode noch Einfluss nehmen. Solange die Seele im Wartestand des Fegefeuers verharrt, ist es möglich, durch testamentarische

Schenkungen, durch Fürbitten und Totenmessen Buße zu tun und Erlösung von den Sünden zu erlangen. Einerseits ermöglichte diese Vorstellung ein tröstliches Arrangement des mittelalterlichen Menschen mit seinem sündigen Leben. Denn ohne Fegefeuer hätte er, um sein Seelenheil zu retten, schon zu Lebzeiten praktisch heiligmäßig leben müssen – wem aber schien das schon möglich? Andererseits basierte darauf praktisch das Finanzwesen der Römischen Kirche – ganze Pfarreien und Klöster lebten von solchen Schenkungen reicher Verstorbener, von gutbezahlten Totenmessen und Gedenkgeläuten.

Eine Ablehnung der Lehre vom Fegefeuer hatte also zwei Konsequenzen. Sie schürte die Erbitterung gegen den Klerus, der sich mit solcherlei »Erfindungen« ein einträgliches Leben verschaffte. Zugleich wirkte sie als dramatischer und tiefreligiöser Appell an die Gläubigen, schon jetzt, zu Lebzeiten, umzukehren und im wahren Glauben das Seelenheil zu suchen.

Viele münstersche Bürger sind von den aufschlusssreichen Predigten Bernhard Rothmanns beeindruckt: Reiche lutherische Kaufleute finanzieren ihm – zur Vervollkommnung seiner Kenntnisse – einen Studienaufenthalt in den damaligen Hochburgen der Reformation.

Rothmann reist von April bis Juli 1531 über Marburg nach Wittenberg. Dort lehren Melanchthon und Bugenhagen, Mitarbeiter und Freunde Luthers. Er setzt seine Reise fort und erreicht Straßburg, das Zentrum des damaligen geistigen und religiösen Lebens. Hier trifft er Capito und Schwenckfeld, evangelische Abweichler – über diese lernt er die Lehren Zwinglis kennen, der sich schon gründlich mit Luther zerstritten hat.

Kaum zurückgekehrt, gerät er in massiven Konflikt mit seinen Kirchenvorgesetzten. Er weigert sich zum Beispiel, Seelenmessen abzuhalten. Das Domkapitel wird aktiv: Es beantragt beim Bischof ein Predigtverbot für Rothmann. Die Domherren argumentieren nicht unbedingt theologisch. Rothmanns gegen die Kirchenlehre gerichteten Predigten würden über kurz oder lang zu »upror«, zum Aufruhr der Bürger führen. Das leuchtet dem Bischof ein und am 29. August 1531 fordert er Rothmann auf, das Predigen einzustellen.

Rothmann denkt nicht daran. Er dreht den Spieß um: Die falschen und ketzerischen Lehren der altgläubigen Geistlickeit seien es, die die Seelen ins Verderben stürzten und Aufruhr der Bürger bewirkten. Inzwischen nämlich hat ein Franziskaner-Prediger im Dom die Lehre vom Fegefeuer verteidigt. Rothmann fordert eine Disputation zwischen sich und diesem Pater. Interessant daran ist, an wen Rothmann seine Forderungen richtet: nicht an den geistlichen Oberherrn, den Bischof, sondern an Rat und Gilden der Stadt. Die sind nach herkömmlichem Verständnis eigentlich nicht zuständig für die Schlichtung religiöser Streitigkeiten. Rothmann aber nimmt geschickt den Stein auf, der nach ihm geworfen wird. Tatsächlich sei die Gefahr des Aufruhrs der Bürger durch falsche Lehren gegeben, deshalb eben müsse die weltliche Stadtobrigkeit einschreiten und dafür sorgen, dass die Seelen ihrer Schutzbefohlenen nicht ins Verderben gestürzt werden.

Diese Argumentation Rothmanns entspricht zwar durchaus dem reformatorischen Vorgehen in anderen Städten – in Münster aber trifft sie einen besonders wunden Punkt: das seit 1525 ohnehin schon sehr gespannte Verhältnis der Stadtbürger zu ihrem Landesherrn, dem Fürstbischof. Denn schließlich fordert er – mit dem Vorgehen gegen einen Domprediger – nichts weniger, als dass die Stadtobrigkeit sich mit dem Bischof direkt anlegt. Der Rat zieht es deshalb vor, zu schweigen. Zumal Rothmann ja immer noch von außen agiert – er ist kein Einwohner der Stadt.

Dafür reagiert erneut der Bischof. Auf Drängen vor allem des Domkapitels wendet er sich im Dezember seinerseits an den Rat: Er solle die massenhaften Ausflüge münsterscher Bürger zum Prediger von St. Mauritz unterbinden. Friedrich von Wied unterstützt damit wider Willen die Intention Rothmanns: Er zwingt Rat und Bürgerschaft direkt in eine Auseinandersetzung um religiöse Fragen hinein.

Dem abweichlerischen Rothmann verbietet er wieder zu predigen. Der aber fühlt sich zu Unrecht belangt und will dem Bischof selbst seine Ansichten vortragen. Wir finden hier – neben seinem Schriftverständnis – eine zweite Konstante in Rothmanns Denken und Handeln: ein aus der Rückschau geradezu naiv erscheinendes Vertrauen in die Kraft der Argumente. Noch während der blutigsten Belagerung werden die münsterschen Bürger später Flugblätter ins Lager der feindlichen Landsknechte senden, in denen sie hervorheben, dass sie theologisch, in offener Rede, niemals widerlegt worden seien.

Aber Friedrich von Wied steht der Sinn nicht nach religiösen Disputationen, ebensowenig wie 1535 seinem Nachfolger Franz von Waldeck. Er kündigt Rothmann kurzerhand den landesherrlichen Schutz auf. Mit anderen Worten: Ab sofort ist Bernhard Rothmann vogelfrei und kann jederzeit verhaftet werden. Nun endlich ist es soweit: Rothmann sucht Schutz in den Mauern der Stadt. Und Münster hat jetzt, seit dem 7. Januar 1532, seinen eigenen Reformator.

## Die Reformation ist nicht aufzuhalten

Er wird mit offenen Armen empfangen. Natürlich nicht von allen. Der Rat hat sogar ausdrücklich verboten, diesem Aufrührer Obdach zu bieten. Um es genauer zu sagen, wer ihn da mit offenen Armen empfängt: Rothmann erhält Herberge im Krameramtshaus, dem Haus der mächtigen Kaufleutegilde. Vom altgläubigen Rat mit Misstrauen beäugt, hütet er sich die erste Zeit davor, öffentlich zu predigen, sondern verbringt die Tage am Schreibpult. Er schreibt die Grundzüge seiner Lehre lateinisch nieder und lässt sie im Januar 1532 unter dem Titel »Epitome confessionis fidei« drucken. Nur steht seinen Anhängern der Sinn offenkundig nicht nur nach hochgelehrten Experten-Diskussionen. Der evangelische Ratsherr Johann Langermann, einer seiner eifrigsten Förderer in dieser frühen Phase, übersetzt die Schrift umgehend in die Sprache der Bürger, das Niederdeutsche. Und schon bald liegt »Eyne kortte bekanntnisse der lere« in gedruckter Form vor.

Seine Ansichten bewegen sich zu dieser Zeit noch völlig im breiten Fahrwasser der Reformation. Das Verhältnis zur Obrigkeit etwa orientiert sich an Luthers »Zwei-Reiche-Lehre«. Das heißt: Die Zuständigkeit der weltlichen Obrigkeit für ihren Bereich wird voll akzeptiert, sie hat sogar, wenn sie denn eine christliche ist, die Aufgabe, gegen Irrlehren vorzugehen. Aber es heißt auch: »Menschengesetze, die nicht mit der Bibel übereinstimmen, sind nichtig.« Rechtfertigung, also Seelenheil, erfährt der Mensch nur durch die Gnade Gottes; nur wer glaubt, dem wird vergeben. Der rechte Glauben führt zu guten Werken, alle »guten Werke« aber, die nicht aus dem Glauben kommen, sind Sünde. Als Sakramente erkennt Rothmann – ganz im Sinne Luthers – lediglich zwei an: Taufe und Abendmahl. Die Eucharistie feiert er schon auf eigene Art: Gewöhnliches Weißbrot zerbricht er in eine Schale, gießt Wein darüber und reicht es seiner Gemeinde. Schon bald wird er deshalb spöttisch »Stutenbernd« genannt: »Stuten« ist der westfälische Name für das Weißbrot.

Kaum hat Rothmann seine Lehre dargelegt, da meldet sich, zwei Tage später, am 25. Januar, die Gemeinheit zu Wort – ein eher seltener Fall, und zwar schriftlich, was die Sache noch bemerkenswerter macht. Sie wendet sich an ihre offiziellen Sprecher, die Olderlude und Gildemeister – die sollen über den Rat beim Bischof erreichen, dass das Predigtverbot für Rothmann aufgehoben wird. Schließlich sei Rothmanns Lehre wahr: »Das ist daran zu merken, dass sie sich im Lichte nicht gegen ihn zu stellen trauen«, obwohl Rothmann doch seine Gegner zu Kritik und Disputation aufgefordert habe.

Der Rat antwortet nicht offiziell. Aber Rothmann schreibt später einem Freund, die Obrigkeit habe ihm bedeutet, dass sie es ertragen könne, wenn er lehre. So predigt denn Bernhard Rothmann erstmals öffentlich in Münster. In Ermangelung einer ihm zugewiesenen Kirche tut er dies auf dem Vorplatz von St. Lamberti, der großen Marktkirche. Und er tut dies am 18. Februar, dem Sonntag Invocavit. Vorsichtshalber, darf man vermuten, denn am nächsten Tag wird traditionell der neue Rat gewählt, der alte ist quasi nicht mehr im Amt, jedenfalls könnte er kaum noch einschreiten. Dieses stadtpolitisch geschickte Vorgehen war schwerlich Rothmanns Idee. Wir sehen hier bereits deutlich, welche Früchte das Bündnis des Reformators mit einflussreichen, versierten Stadtpolitikern trägt.

Die Ratswahl verläuft für die Sache der Reformierten recht erfreulich. Langermann, Rothmanns Förderer und Übersetzer, wird wiedergewählt. Und neu hinzu kommen mindestens zwei wichtige Anhänger Rothmanns: der Kaufmann Kaspar Schroderken und Hermann Tilbeck, ein Erbmann.

Frisch gestärkt wagt die Reformation den nächsten Schritt. Am 23. Februar, nur vier Tage nach der Ratswahl, erscheinen fünf respektable Männer vor der Lambertikirche: Tilbeck, Schroderken, Knipperdolling, dazu der Stadtrichter Arnold Belholt – auch er ein Erbmann – und der Advokat Johann Ummegrove. Sie verschaffen dem dort unter freiem Himmel predigenden Rothmann nachdrücklich und handgreiflich Einlass ins Innere der Kirche und überreichen ihm die Kirchenschlüssel.

## Franz von Waldeck führt sich ein

In Lamberti bleibt Rothmann – trotz der Proteste des amtierenden Pfarrers – mehrere Wochen ungestört. Seine Hauptgegner haben zur Zeit andere Sorgen:

Das Domkapitel muss einen neuen Bischof wählen. Der amtsmüde Friedrich von Wied hat endlich jemanden gefunden, der ihm sein Bistum zu einem angemessenen Preis abkauft. Es ist Herzog Erich von Gubenhagen, der bereits die Bistümer Paderborn und Osnabrück besitzt und der für 40.000 rheinische Gulden sein Territorium weiter arrondieren will. Er wird schließlich am 27. März gewählt.

Sofort will Bischof Erich seiner Hauptstadt zeigen, wer Herr im Lande ist. Mit Nachdruck fordert er, den aufrührerischen Prediger aus dem Amt zu entfernen. Der Rat verhängt zunächst ein Predigtverbot gegen Rothmann – offenbar will er es sich nicht von Anfang an mit dem neuen Stadtherrn verderben. Das ruft wiederum die Gemeinheit auf den Plan. Der Rat versucht zu lavieren. Doch ehe der Konflikt weiter eskalieren kann, stirbt Bischof Erich, wie die Quellen berichten, am 14. Mai bei einem Saufgelage.

Das Domkapitel beeilt sich, einen Nachfolger zu finden. Am 1. Juni wird Graf Franz von Waldeck zum neuen Bischof des Bistums Münster gewählt. Er ist bereits mit der Verwaltung des Bistums Minden betraut, kurz darauf wird er auch Bischof von Osnabrück. In der Person dieses Fürsten finden wir ein interessantes Beispiel für die seltsamen Verquickungen und Wechselspiele von weltlicher und geistiger Macht in der damaligen Zeit.

Eingegangen in die Geschichte ist Franz von Waldeck wegen seines blutigen Siegs über das täuferische Münster. Er war jedoch alles andere als ein religiöser Eiferer für die Wiederherstellung der Altgläubigkeit. Wohl hatte er die niederen Priesterweihen empfangen, das hielt ihn aber nicht davon ab, mit der Bürgerstochter Anna Poelmann in eheähnlichem Verhältnis zu leben. Er entstammte einer Familie, die lutherisch gesinnt war und auch politisch hat er dem Luthertum einiges abgewonnen. Darin unterschied er sich kaum von der Mehrzahl der Bischofsfürsten, die in einer gemäßigten Reformation die Chance sahen, ihre machthungrigen und geldverzehrenden Domherren loszuwerden. Hauptförderer seiner Wahl war denn auch das Haupt der protestantischen Reichsstände, der Landgraf Philipp von Hessen. Und später noch, nach der erfolgreichen Niederschlagung der Täufer, unternahm er einen zaghaften Versuch, sein Fürstbistum ins reformatorische Lager zu bringen.

Doch jetzt, 1532, kann von Waldeck nicht so, wie er vielleicht will. In dem – von jedem neuen Bischof zu unterzeichnenden – Wahlvertrag hat er sich vor dem Domkapitel verpflichten müssen, die alte Rechtgläubigkeit in Münster wiederherzustellen. Außerdem steht seine Autorität als Landesherr auf dem Spiel. Er beginnt wie sein Amtsvorgänger: mit einem geharnischten Brief Ende Juni an den Rat der Stadt. Doch die Lage ist anders als noch im März. Die wirren Machtverhältnisse im Land seit der Resignation von Wieds haben der Reformation in Münster einen entscheidenden Zeitvorsprung gegeben.

## Die Gilde macht Druck

Mittlerweile gilt Rothmanns Lehre, da von niemandem mit überzeugenden theologischen Argumenten angegriffen, nicht nur als unwiderlegt, sondern als unwiderlegbar. Hat er seine Gegner nicht oft genug zur offenen Diskussion herausgefordert? Eine kleinere Disputation mit münsterschen Klerikern am 19. Mai zeigt, dass da niemand ist, der ihm das Wasser reichen kann.

Auch politisch hat die reformierte Partei dazugelernt. Statt zu warten, dass der Rat gegenüber dem Bischof erneut knieweich wird, ergreifen Gemeinheit und Gilden selbst die Initiative. Die Gildemeister versammeln sich auf dem Schohaus und wählen eine Kommission von 36 Männern, die mit dem Rat über ihre Forderungen verhandeln soll: Das Wort Gottes muss unverfälscht verkündet werden. Um die Einheit der wahren Lehre zu sichern, sollen die Gegner des Evangeliums aus ihren Ämtern entfernt und alle Pfarreien mit neuen Predigern bestückt werden. Richtschnur für dies alles ist die wahre Lehre, so wie Bernhard Rothmann sie verkündet.

Von zwei Seiten unter Druck gesetzt, gibt der Rat am 15. Juli nach heftigen Debatten der eigenen Bürgerschaft recht. Rat, Olderlude, Gildemeister, Gilde und Gemeinheit beschließen, alle gemeinsam in Zukunft die Lehre Rothmanns zu fordern. Neben den offensichtlich deutlichen Mehrheitsverhältnissen in der Stadt dürfte ein Fehler von Waldecks entscheidend zu dieser Religionvereinbarung beigetragen haben: Er hatte mit seinem Mahnbrief nicht nur in innerstädtische Angelegenheiten eingegriffen, sondern die Stadtbürger pauschal mit dem Vorwurf des Aufruhrs und der Friedensstörung überzogen. So wie die Dinge im Sommer 1532 lagen, schüchterte das niemanden ein, sondern weckte Empörung und verstärkte die Einmütigkeit der Bürger gegen die Zumutung ihres Landesfürsten.

Damit ist ein gewaltiger Schritt getan: Die Reformation ist innerhalb Münsters offiziell durchgesetzt. Fürstbischof Franz von Waldeck hat es nicht länger mit einem einzelnen Prediger zu tun, sondern mit einer ganzen Stadt.

## Münsters Reformation festigt sich

Die münstersche Bürgerschaft geht zielstrebig daran, das einmal Erreichte abzusichern: Innerhalb der Stadt muss die Religionsvereinbarung umgesetzt, außenpolitisch muss der Bischof zur Tolerierung der städtischen Reformation bewegt werden.

Die Reformierung wird zügig eingeleitet. Freilich mangelt es an geeigneten einheimischen Predigern, die Rothmann zur Seite stehen könnten. Auf dessen Ersuchen werden aus Marburg die Lutheraner Peter Wirtheim und Gottfried Strahlen herbestellt. Dazu stoßen die Prediger Johann Glandorp und Brictius tom Norde. Diese Bestallung auswärtiger Prediger ist in der Reformationsgeschichte nicht ungewöhnlich, sondern eher der Regelfall. Manche Fürsten und Städte ließen sich ihre Reformation geradezu von außen besorgen – durch Experten aus den reformatorischen Hochburgen. Gerade im niederdeutschen Raum hat es kaum selbständige städtische Reformationen gegeben. Die Entwicklung in Münster ist also untypisch, weil man hier mit Rothmann über einen eigenen Reformator verfügt.

Die Personalfrage ist einen Monat später soweit geklärt, dass der Rat am 10. August an allen Pfarrkirchen evangelische Prediger einsetzen kann. Unter ihnen befindet sich auch Heinrich Roll. Der, ein ehemaliger Karmeliter aus dem holländischen Haarlem, hatte sich nach einem Aufenthalt in Straßburg zum radikalen Zwinglianer entwickelt. Aufnahme fand er mit anderen Predigern beim toleranten Drosten von Wassenberg, Werner von Palant. Dort bildete Roll das Haupt dieser sogenannten »Wassenberger Prädikanten«, die jedoch bald, spätestens nach dem Amtsverlust ihres Schutzherrn 1533, nach Münster übersiedelten.

Mit Heinrich Roll wirkt nun in Münster ein Prediger, der über das Luthertum längst hinaus ist. Er vertritt die Zwinglische Abendmahlslehre, findet, ähnlich wie dieser, die Kindertaufe bedenklich und nähert sich in seinen Gemeindevorstellungen längst täuferischem Gedankengut.

Für Münsters Reformation gibt es freilich seit dem 15. Juli einen verbindlichen Rahmen: die »unverfälschte« christliche Lehre, so wie Bernhard Rothmann sie vertritt. In Zweifelsfällen muss der Rat – der die reformatorischen Maßnahmen zu organisieren hat – bei Rothmann Auskunft einholen. Da zu solchen Maßnahmen laut Abkommen auch die Abstellung von falschen kirchlichen Bräuchen gehört, legt Rothmann – als Hilfestellung – am 16. August eine »Korte anwisonge der missbruch der romischen kerken« (Von den Missbräuchen der römischen Kirche) vor.

Diese Schrift enthält in kurzer, thesenartiger Form seine damalige Lehre: Er lege sie dem Klerus zur Beurteilung vor, nur dem Buchstaben der heiligen Schrift wolle er weichen. Als Sakramente erkennt er lediglich

Taufe und Abendmahl an. Seelenmessen dienten nur dem Gelderwerb der Geistlichen, das Fegefeuer sei Betrug, Heiligenverehrung ungerechtfertigt, Beichte ohne Buße sei sinnlos, die Segnung von Wasser oder Kerzen heidnischer Aberglaube. Auch die Hauptlehren der Reformatoren werden vertreten: die Rechtfertigung im Glauben, die Unzulänglichkeit bloßer Werke, das sichere Heil in Christo. Rothmann schreibt entschieden, aber ohne die damals übliche Gehässigkeit gegen seine Gegner. Seine Bekenntnisse enthalten das ganze Programm der Reformation.

Der von Rothmann direkt angesprochene münstersche Klerus schweigt. Erst als die Abschaffung der von Rothmann aufgeführten Missbräuche tatsächlich angeordnet wird, besinnen sich die Altgläubigen eines Besseren. Nach ihrer Disputations-Niederlage vom Mai offenbar kleinlaut geworden, bestellen sie ein Gutachten von außerhalb: bei Theologen der Universität Köln, nach wie vor einer Hochburg der alten scholastischen Tradition. Dieses Gutachten jedoch spielt keine Rolle mehr in den münsterschen Auseinandersetzungen – die katholische Seite reagiert viel zu spät, ihr langes Schweigen wird als eindeutiger Beweis für die Unanfechtbarkeit der Rothmannschen Lehre gewertet.

## Eine neue Kraft kommt ins Spiel

Anfechtungen anderer Art aber sieht sich die Stadt vonseiten ihres Landesherrn ausgesetzt. Franz von Waldeck wird die innerstädtische Religionsvereinbarung vom 15. Juli sicherlich gekannt haben. Der Rat aber beantwortet seinen Mahnbrief von Ende Juni erst einen Monat später – und knapp zwei Wochen nach der innerstädtischen Einigung, ohne ein Sterbenswörtchen von diesem Abkommen verlauten zu lassen. Er macht sich in bemerkenswerter Weise und erstmalig selbst zum Sprecher der reformierten Stadt. Unter Berufung darauf, dass der Klerus die Rothmannschen Positionen nicht habe widerlegen können, wird dem Bischof rundheraus erklärt, es sei nicht möglich, die Bürger »vom Worte Gottes abzuwenden«. Der Fürstbischof wiederholt den Vorwurf des »Aufruhrs« und seine dringliche Ermahnung, der Rat lehnt erneut ab.

Nun muss Franz von Waldeck zu härteren Mitteln greifen, soll seine Autorität nicht unrettbaren Schaden leiden. Seine Situation ist außenpolitisch alles andere als unkompliziert. Die Position von Kaiser und Reich gegenüber den Reformierten ist gerade in dieser Zeit starken Schwankungen ausgesetzt. Zwar hat Bischof Franz vonseiten des Kaisers gerade noch eine scharfe Aufforderung erhalten, endlich gegen das lutherische und aufrührerische Münster einzuschreiten. Doch schon bald ändert sich die Lage: Der Nürnberger Relgionsfriede untersagt, gegen Protestanten gewaltsam vorzugehen.

Die protestantischen Reichsstände sind zu einer Macht geworden: Sie haben sich zum sogenannten »Schmalkaldischen Bund« zusammengeschlossen. Ihr Führer ist der mächtige Landgraf Philipp von Hessen. Und als der Kaiser gegen die Türkengefahr vorgehen muss, ist er auf die Hilfe der Protestanten angewiesen. Sich dieser Konstellation sehr wohl bewusst, verhandeln die Münsteraner auch mit Landgraf Philipp: Er möge mäßigend auf Bischof Franz einwirken, der ja nicht zuletzt dem Hessen sein Amt verdankt.

Philipp von Hessen reagiert durchaus aufgeschlossen: Er lässt den Bischof wissen, dass ein gewaltsames Vorgehen gegen die Stadt vom Schmalkaldischen Bund nicht hingenommen werden könne. An die Stadt aber richtet er – ganz Fürst – die Mahnung, die weltliche Oberhoheit seines Kollegen Franz nicht anzutasten. Wir erkennen jetzt, im Herbst 1532, bereits deutlich, wie sich die Gegensätze Altgläubig – Neugläubig einerseits und Landesfürst – Stadtrechte andererseits zu überschneiden und zu kreuzen beginnen.

Mit gewissen Sympathien des Schmalkaldischen Bundes im Rücken und gestützt durch ein Urteil des Reichskammergerichts vom 25. September kann sich die Stadt relativ sicher fühlen vor einem gewaltsamen Vorgehen des Bischofs. Trotzdem beginnt sie, ihre Befestigungsanlagen instand zu bringen. Für ihr Selbstbewusstsein auch auf anderem Gebiet spricht ihr Vorschlag, unparteiische Gelehrte sollten über das Für und Wider der Rothmannschen Lehre befinden. Der Bischof lehnt ab – ihm geht es nicht um Theologie.

Auch innerhalb der Stadt verschlechtert sich seine Position zusehends. Natürlich verfügt die bischöfliche Partei hier noch immer über viele Anhänger – auch und gerade im Rat, der ja erst unter Druck der eigenen Bürger und um des lieben innerstädtischen Friedens willen dem Vordringen der Reformation nachgegegeben hat. Doch angesichts des gereizter werdenden Klimas zwischen Bischof und Stadt befürchten manche Katholiken Schlimmes. Beide Bürgermeister und zwei weitere Ratsherren verlassen in diesem Herbst die Stadt. Die Bürger warten nicht lange und füllen die verwaisten Positionen in einer Nachwahl auf.

## Bischof Franz macht mobil

Franz von Waldeck kann schlecht weiter tatenlos zusehen, ein offen kriegerisches Vorgehen gegen die Stadt scheit ihm aber – noch – zu riskant. Deshalb beginnt er mit einer Politik der Nadelstiche. Er beschlagnahmt die dänischen Ochsen des Kaufmanns (und späteren Bürgermeisters) Kaspar Jodefeld von der Weide weg, wo sie auf den gewinnbringenden Weitertransport nach Köln warten. Ein ähnlicher Handstreich hatte im Konflikt zwischen Stadt und Landesherrn ein Jahrhundert zuvor noch zuverlässig gewirkt. Auch andere Handelsgüter der Münsteraner sind jetzt vor seinem Zugriff nicht mehr sicher. Einige »Rädelsführer« zitiert er vor auswärtige Gerichte – formal unwirksam, aber auf psychologische Wirkung bedacht. Als aber all dies nichts fruchtet, sperrt er mehrfach Münsters Zufahrtsstraßen, um die Stadt vom Lebensmittel-Nachschub abzuschneiden und ihren Handel zu schädigen. Und schließlich – als Androhung eines unmittelbar bevorstehenden militärischen Eingreifens – macht er die Ritterschaft, den niederen münsterländischen Adel, zu Anfang November mobil.

Die Stadt reagiert: Neben der vorsorglichen Anwerbung von 300 Landsknechten wird beschlossen, ein formelles Hilfeersuchen an den Schmalkaldischen Bund zu richten. Hierbei tritt erstmals eine Persönlichkeit auf, die im folgenden Jahr zur wichtigen Figur im münsterschen Drama werden wird: Johann von der Wieck. Die von der Wiecks gehören zu den alten münsterschen Erbmanns-Geschlechtern. Johann, inzwischen zum Luthertum übergetreten, hat einen Posten als städtischer Rechtsvertreter: Er ist Stadtsyndikus in Bremen. Auf Anfrage seiner alten Heimatstadt erklärt er sich bereit, auch die juristischen Belange Münsters als Syndikus zu vertreten. Er wird in der Folge zum politischen Kopf des Luthertums der Stadt.

Wiecks Verhandlungen mit dem Schmalkaldischen Bund bleiben jedoch erfolglos. Zwar wünschen die protestantischen Reichsstände einen Sieg der Reformation in Münster, einer der mächtigsten Bischofsstädte im Nordwesten des Reichs. Aber zugleich betrachten sie Bernhard Rothmann mit einem gewissen Misstrauen. Man zweifelt, ob der kleine Kaplan das Evangelium tatsächlich auf rechte Weise auslegt, und manches Mitglied des Bundes argwöhnt, womöglich unterstütze man aufrührerische Elemente. Wieck kehrt von den Verhandlungen mit leeren Händen und mit der Empfehlung zurück, um in Zukunft solche Unsicherheiten zu vermeiden, solle die Stadt schleunigst die formelle Aufnahme in den Bund beantragen – dazu wird sie ihr reformatorisches Programm vorlegen und überprüfen lassen müssen.

## Ein erfolgreicher Handstreich

Zur Absicherung eines gewaltsamen Vorgehens gegen die Stadt Münster beruft Fürstbischof Franz nunmehr den Landtag nach Telgte ein. Die Bürger Bernd Knipperdolling und Gerd Kippenbrock appellieren noch einmal an Bischof und Klerus, die Sanktionsmaßnahmen gegen die Stadt einzustellen. Doch Gespräche fruchten nun nicht mehr. Da entschließen sich Münsters Bürger, den schrittweisen Kriegsvorbereitungen des Bischofs mit einem Überraschungs-Coup zuvorzukommen. Etwa 300 Bewaffnete überfallen in der Nacht vom ersten zum zweiten Weihnachtstag das bischöfliche Lager in Telgte. Der Bischof selbst hat den Ort zufällig am Vortage verlassen, doch Münsters Reformierte können mehrere Domherren, bischöfliche Räte und Erbmänner gefangennehmen.

Mit diesem Faustpfand zwingen sie Franz von Waldeck zu Verhandlungen, zumal dem für eine Belagerung der Stadt noch immer der Rückhalt des Reichs und selbst seines Amtsbruders in Köln – seines Vorvorgängers Hermann von Wied – fehlt. Nun endlich beeilt sich auch das Haupt des Schmalkaldischen Bundes, einen Fuß in die Tür zu bekommen: Landgraf Philipp von Hessen bietet sich als Vermittler an. Verhandelt wird jetzt nicht bloß über eine Freilassung der Festgenommenen, sondern – unter der Regie Philipps – über den Frieden zwischen dem Fürstbischof und der Stadt.

Am 14. Februar 1533 wird der zweite Dülmener Vertrag geschlossen. Im Gegensatz zum ersten aus dem Jahre 1526 schreibt er diesmal einen Sieg der Stadt fest. Zwar erkennt die Stadt den Bischof als weltliche Obrigkeit an, auch sollen die kirchlichen Immunitäten in der Stadt weiterhin ohne Störung bei den katholischen Gebräuchen verbleiben dürfen, das Entscheidende aber: Die Stadt selbst hat das Recht, die Pfarreien zu besetzen, damit dort das Wort Gottes »rein und lauter« verkündet werde. Bis zu einem Konzil, das alle strittigen Glaubensfragen regeln soll, darf sie sich auch eine eigene Kirchenordnung geben. Damit ist klar: Innerstädtisch hat sich die Reformation in Münster am 15. Juli 1532 durchgesetzt, seit dem 14. Februar 1533 ist Münster eine auch vom Landesherrn vertraglich anerkannte reformierte Stadt.

Ziehen wir Bilanz: Münster hat mit seiner Entwicklung zu einer reformierten Stadt einen Prozess durchgemacht wie andere Städte des Reiches auch. Doch es zeichnen sich bereits einige Besonderheiten ab:
In Münster ist dieser Prozess im ersten Anlauf steckengeblieben, die endgültige Reformierung – und damit verbunden der Aufstieg neuer sozialer Schichten in die städtischen Führungspositionen – erfolgt erst relativ spät. Münsters Reformation muss in einem besonders harten Emanzipationsprozess gegen einen bischöflichen Landesfürsten durchgesetzt werden. Und nicht zuletzt: Münsters Reformation hat eine eigene theologische Grundlage, die Stadt verfügt über einen selbständigen Reformator – Bernhard Rothmann. Aus Sicht der siegreichen Bürger hat sich seine Lehre als unwiderlegbar und damit als eine ihrer schärfsten Waffen erwiesen.

Diese Besonderheiten im Vergleich zu anderen Städten mögen relativ unbedeutend anmuten. Doch die nun folgenden Jahre werden zeigen, wie solch kleine Ursachen dramatische Folgen zu zeitigen vermögen.

# ZWIESPALT

Das nun folgende Jahr ist das vielleicht rätselhafteste in der Geschichte Münsters. An seinem Anfang im Februar 1533 steht eine vom katholischen Landesherrn offiziell anerkannte evangelische Stadt. An seinem Ende im Februar 1534 aber ist eine täuferische Gemeinde zur stärksten religiösen und politischen Kraft der Stadt angewachsen. Eine Entwicklung, die Münster in Gegnerschaft zum ganzen heiligen römischen Reich deutscher Nation bringt.

Was ist in diesen zwölf Monaten geschehen? Was konnte die münstersche Bürgerschaft veranlassen, einen derart gefährlichen Weg einzuschlagen?

## Der Umschwung wird bekräftigt

Alles beginnt zunächst ganz so, wie man es erwarten konnte. Die innerstädtische Einigung vom Juli und die nunmehrige außenpolitische Anerkennung finden bei der fälligen Ratswahl ihren Niederschlag. In einem beachtlichen Umschwung werden am 3. März nur noch sieben Ratsherren in ihren Ämtern bestätigt. Von den 24 Mitgliedern der Stadtobrigkeit sind jetzt mindestens 17 lutherisch. Zu neuen Bürgermeistern werden der Rothmann-Anhänger Hermann Tilbeck und Kaspar Jodefeld, ein Halbbruder Bernd Knipperdollings, gewählt.

Diese Ratswahl ist ein Traditionsbruch nicht nur im religiösen Sinne. Er bringt auch endlich die Verschiebung der Machtverhältnisse zum Ausdruck, die sich schon länger abgezeichnet hat. Gehörten dem Rat vorher neun Erbmänner und 15 Alt-Honoratioren an, so sitzen jetzt nur noch sechs Alt-Honoratioren, dazu alle lutherisch gesinnt, und ein Erbmann, nämlich Tilbeck, im Rat. Die anderen 17 Sitze werden aus den Kreisen der Gildeführer und -bürger besetzt.

Das ist alles andere als eine soziale Revolution, aber doch eine deutliche Machtverschiebung innerhalb der Oberschicht Münsters: Die aufstrebenden Gildebürger haben jetzt, im Gefolge der Reformation, die sie so entschieden gefördert haben, endlich die klare Mehrheit in der Stadtobrigkeit. Und damit rekrutieren sich erstmalig seit langem die Ratsmehrheit und die Gildenführung, also die beiden Pole der münsterschen Verfassung, aus der gleichen sozialen Gruppe, den Neu Honoratioren

Eine weitere Neuerung: An der Seite des Rates agiert jetzt offiziell ein Syndikus, ein gutdotierter Rechtsvertreter der Stadt – Johann von der Wieck.

Wieck hat bekanntlich aus seinen im Dezember gescheiterten Verhandlungen mit der Vereinigung der protestantischen Reichsstände, dem Schmalkaldischen Bund, die Schlussfolgerung gezogen, die Stadt Münster solle schleunigst auch formell dem Bund beitreten. Dieses Beitrittsgesuch wird denn nun auch gestellt. Schließlich kann man ja nicht wissen, ob oder wie lange sich Fürstbischof Franz mit seiner Niederlage und mit der Unabhängigkeit Münsters abfinden wird.

## Ein Bescheid aus Marburg

Da ist nur noch eine kleinere Formalität zu regeln: Die neu zu erlassende Kirchenordnung Münsters soll den Häuptern des Schmalkaldischen Bundes vorher zur Durchsicht vorgelegt werden. Verfasser dieser Kirchenordnung aber ist – wer sonst – der Reformator der Stadt, Bernhard Rothmann.

Dieser macht sich unverzüglich an die Arbeit. Am 17. März sollen die neuen Prediger eingesetzt werden. Zu diesem Zweck verfasst Rothmann in aller Kürze eine Vorab-Version der neuen Ordnung, das »Succinctum municipalium legum«. Nach dessen Vorgaben geht die Zeremonie dann auch würdig über die Bühne, ihr Ergebnis bringt wahrlich keine Überraschung: Sämtliche bereits seit August amtierenden Prediger werden bestätigt. Der politische Kopf der Lutheraner, Syndikus von der Wieck, ist anwesend – und sehr zufrieden. Wenige Tage später, am 23. März, schreibt er seinem Zweit-Arbeitgeber, dem Rat in Bremen: »Es steyt hyr nu woll. Und ist eyn eyntrechtich rat unde gemehnheyt.« Anschließend begibt er sich ruhigen Gewissens auf Dienstreise, erst am 20. April wird er zurückkehren. Da aber ist das Kind bereits in den Brunnen gefallen.

In der Zwischenzeit nämlich hat Rothmann fleißig an seinem Entwurf für die neue Kirchenordnung gearbeitet. Das fertige Papier übergibt er am 17. April dem Rat. Der scheint zufrieden und leitet es an den Landgrafen Philipp von Hessen weiter. Philipp, zwar Lutheraner, aber kein Theologe, reicht den Entwurf zur Prüfung wiederum weiter: an seine Haustheologen von der Marburger Universität.

Die begutachten Rothmanns Papier ausführlich und übermitteln dem Rat von Münster schließlich eine bestürzende Auskunft: In der vorliegenden Fassung sei Rothmanns Kirchenordnung nicht mit der lutherischen Lehre vereinbar. Wenn keine Nachbesserungen erfolgen, kann Münster nicht in den protestantischen Bund aufgenommen werden.

## Die Reformation im Reich

Noch vor wenigen Jahren wäre ein solches Vorgehen undenkbar gewesen. Doch hatte inzwischen die lutherische Reformation feste Umrisse gewonnen; sie war von einer destabilisierenden Bewegung zu einer stabilisierenden Kraft erwachsen. In einem jahrelangen Kräftemessen gegen Altgläubige, Kaiser und eigene Anhänger hatte sie es vermocht, ihre Selbständigkeit als ehemals ketzerische Lehre auf Reichsebene rechtlich festzuschreiben. Doch verdankte sie dieses Privileg nicht theologischen Argumenten, sondern politischer wie militärischer Stärke. Diese war aber allein durch ein Bündnis der Religion mit der weltlichen Obrigkeit garantiert, der Luther die Aufsicht über seine junge Kirche bald gerne zugestand. Im Gegenzug erhielten er und die ihm gleichgesinnten Gelehrten das theologische Alleinvertretungsrecht.

Dieses Bündnis mit den Fürsten war Luther nicht aus taktischen Überlegungen eingegangen. Sein Glaube an die Rechtmäßigkeit der aristokratischen Herrschaft zwangen ihn, jenen Flächenbrand wieder auszutreten, dessen auslösenden Funken er selbst geschlagen hatte. Luther hatte seinen Kampf gegen die kirchlichen Missstände als rein theologische Auseinandersetzung begonnen. Doch waren seine Angriffe zu berechtigt und sein Ton zu scharf, als dass seine Lehre im engen Kreis gelehrter Disputanten hätte alt werden können: Die Lehren Luthers gelangten ans Ohr des »gemeinen Mannes« – meist aus dem Munde unzufriedener Kleriker. Doch zunächst legte jede Gruppe die Kernthesen Luthers nach eigenem Gutdünken aus. Es kam zu einer reformatorischen »Bewegung«, zu einem Wildwuchs der Reformation.

Die Bauern hörten, dass in der Bibel etwas anderes steht, als die alten Pfaffen und Fürsten lehrten. Ihre zwölf Artikel – ein jeder aus der Bibel begründet – forderten die Verwirklichung des Evangeliums in dieser Welt. Im »Großen deutschen Bauernkrieg«, der zwischen 1524 und 1526 vor allem im oberdeutschen Raum wütete, siegten jedoch die Fürsten – unterstützt nicht zuletzt von Martin Luther. Dies besiegelt das Ende einer »Reformation von unten«.

Einer der ersten Theologen, der in den Städten die lutherische Lehre vertrat, war Huldrych Zwingli. Im Jahre 1523 schon setzte er mit Hilfe einer öffentlichen Disputation seine Theologie in Zürich durch. Der Rat der Stadt gebot, dass fortan Zwinglis Auslegung allein gültig sein sollte. Die Zürcher Reformation strahlte stark in den Süden Deutschlands aus, sodass sich zwei Richtungen städtischer Reformation herausbildeten: eine oberdeutsch-reformierte, deren Mittelpunkt bald Straßburg wurde, und eine lutherische mit dem Hauptort Nürnberg.

In Zürich wird auch eine dritte Splittergruppe der reformatorischen Bewegung für uns zum ersten Mal greifbar: die Täufer. In den sogenannten »Schleitheimer Artikeln« von 1527 werden zum ersten Mal die Grundzüge des Täufertums schriftlich festgelegt: allein Glaubende wollen sie taufen, Eide und Wehrdienst verweigern und ihre Priester frei wählen. Im Abendmahl sehen sie nichts weiter als eine Feier ihrer christlichen Gemeinschaft.

Unter ihnen sammeln sich viele Enttäuschte des Bauernkrieges. Überall in den ehemaligen Aufstandsgebieten bilden sich täuferische Bruderschaften, die abgesondert von der Welt entweder auf das Ende der Zeiten warten oder aber in freikirchlichen Gemeinden nach ihrem Evangelium leben wollen. Weil sie demokratisch organisiert sind, entwickeln sie keine einheitliche Gestalt, sondern zerfallen in lose Gemeinschaften.

Eine Richtung bilden die Anhänger des gelehrten Kürschners Melchior Hoffmann, der von Straßburg aus vor allem in den Niederlanden wirkt. Hoffmann predigt eine besonders radikale Theologie. Er sagt eine große apokalyptische Auseinandersetzung voraus, während der die Welt von den Gottlosen gesäubert werden würde. Nur eine Stadt würde errettet und mit ihr die darin lebenden Gläubigen. Als dieses heilige Jerusalem erkennt Hoffmann Straßburg.

Landsknechte. Holzschnitt um 1518.

Der Bauernkrieg hat den Herrschenden vor Augen geführt, dass dem gemeinen Mann eine eigene Auslegung der Bibel nicht mehr zugestanden werden darf. Von nun an gilt die Reformation als alleinige Sache der Obrigkeit. Abweichungen verfolgen die Fürsten grausam – ihr Hass richtet sich bald vorwiegend gegen die Täufer.

Trotzdem steht die Reformation noch auf schwankenden Füßen. Als Antwort auf die Ächtung durch das Reich formulieren die evangelischen Stände eine »protestatio«, weshalb sie fortan als protestantisch gekennzeichnet werden. Die Geschlossenheit täuscht: Diese neue politische Partei, fünf Fürsten und vierzehn süddeutsche Reichsstädte, verficht keine einheitliche Lehre. In ihr finden sich Lutheraner gleichwohl wie Zwinglianer.

Philipp der Großmütige, Landgraf von Hessen und mächtigster Fürst unter den Protestanten, bemüht sich deshalb, Luther und Zwingli miteinander zu versöhnen – doch sein Versuch misslingt: Auf dem Reichstag zu Augsburg im Sommer und Herbst 1530 spaltet sich die evangelische Partei. Die Lutherischen orientieren sich fortan am Augsburger Bekenntnis, der von Melanchthon verfaßten »Confessio Augustana«. Die oberdeutschen Städte unter der Führung Straßburgs passen sich der neuen Lehre an, die Zwinglianer scheiden aus.

Die so vereinten Lutheraner schließen sich zusätzlich zu einem politischen Verteidigungsbündnis zusammen, eben dem Schmalkaldischen Bund. Er wird für die nächsten 15 Jahre die stärkste Macht im Reich, der eigentliche politische Gegenspieler des katholisch-habsburgischen Kaisers. In die Reihen des Bundes werden freilich nur solche Bewerber aufgenommen, die die Aussagen der Confessio Augustana ohne Wenn und Aber bejahen. Alle auch nur um ein Quentchen abweichenden Lehren werden im Reich weiterhin unbarmherzig verfolgt – von beiden, der katholischen wie der lutherischen Partei.

Münsters Begehren um Anschluss an den Schmalkaldischen Bund trifft nun genau auf diese Verfestigung der lutherischen Reformation: Die städtische Emanzipation von der alten Lehre will Rückhalt bei einer Bewegung, die sich gerade erst als »Fürsten-Reformation« etabliert hat.

## Eine lutherische Provokation

Leider sind weder Rothmanns Entwurf der münsterschen Kirchenordnung noch die ablehnende Stellungnahme der Theologen des Schmalkaldischen Bundes erhalten geblieben. Ausgerechnet an diesem entscheidenden Wendepunkt der Entwicklung – Münster wird vom Bund der Protestanten zurückgewiesen – müssen wir heute indirekt zu erschließen versuchen, worin die Streitpunkte bestanden.

Dazu stehen uns zwei Dokumente zur Verfügung. Zum einen die erwähnte Kurzfassung Rothmanns, das »Succinctum«. Zum zweiten und vor allem eine »Wydderantwort«, mit der Rothmann und seine Predigerkollegen die Kritik der landgräflichen Theologen erwidern und die am 24. Juli veröffentlicht wird.

Die genaue Durchsicht beider Dokumente ergibt einen überraschenden Befund. Bislang ist immer davon ausgegangen worden, dass Rothmann in seinem Entwurf erstmals deutlich täuferische oder mindestens zwinglianische Positionen vertreten habe, und zwar – wie es etwa dem Abendmahlsstreit zwischen Luther und Zwingli entsprochen hätte – vor allem zum Thema der Sakramente. Das hätte die Ablehnung durch die Theologen des Landgrafen verständlich, ja geradezu zwangsläufig gemacht.

Bei genauerem Hinsehen ergibt sich jedoch: Die Frage der Sakramente, also Taufe und Abendmahl, hat Rothmann in seinem Entwurf offensichtlich nur gestreift. Eigentlich logisch – eine »Kirchen-, Zucht- und Schulordnung« ist schließlich kein theologischer Grundsatzartikel, sondern eher eine rechtlich-organisatorische Anweisung. Deswegen werden hier Fragen der Predigerbestellung, des Kirchen- und Schulalltags sowie der Strafen für unchristliches Verhalten behandelt, wie im »Succinctum« bereits kurz geschehen.

Der »Wydderantwort« Rothmanns ist recht gut zu entnehmen, was genau die Marburger Theologen kritisieren. Rothmann schreibt: »Erstlich, daß wir die Erwählung der Kirchendiener der gemeinen heiligen Kirche zugeben, dünkt den Theologen sehr gefährlich zu sein.« Gefährlich, denn »die Gemeinheit werde nichts Gutes ausrichten«. Erster Stein des Anstoßes also: Predigerwahl durch die Gemeinde.

Weiter: »Nun zum andern stucke.« Die Theologen bäten darum, »daß etliche Worte in der Ordnung, ganz besonders von den Sakramenten, ein wenig klarer und verständlicher gesetzt würden«. Und die Kindertaufe sei wohl in die Ordnung nur aufgenommen, »um Ärgernisse zu vermeiden.«

Daran aber wird deutlich: Die Marburger Theologen kritisieren nicht das, was Rothmann tatsächlich zu den Sakramenten geschrieben hat – das war nämlich offenbar nur wenig -, sondern sie kritisieren das, was sie bei ihm an Anschauung vermuten, und fordern eine Klarstellung. Sie garnieren ihre Vermutung auch gleich mit der direkten Unterstellung, er habe die Kindertaufe zwar korrekt in die Kirchenordnung aufgenommen, aber doch wohl nur um des lieben Friedens willen…

Ein klarer Fall von Provokation. Die Lutheraner bohren an einer zweifellos wunden Stelle. Rothmann hatte noch in den Verhandlungen zum Dülmener Vertrag mäßigend gewirkt und war bei den hessischen Räten ein gern gesehener Vermittler. Um der Anerkennung der münsterschen Reformation willen hatte er, der zu den Fragen der Sakramente sicher schon andere Positionen vertrat als etwa Luther, seine Auffassungen vorerst hintangestellt. Und auch in seine Kirchenordnung hatte er die Kindertaufe, an deren Berechtigung er – wie auch andere Reformatoren – längst Zweifel hegte, fügsam aufgenommen.

Doch mit all dem geben sich die Theologen des hessischen Landgrafen nicht länger zufrieden: Sie wollen den offenen, klärenden Konflikt jetzt – Rothmann soll sich den lutherischen Positionen unterwerfen oder aber er wird sich als Zwinglianer, als »Wiedertäufer« gar erweisen.

## Rothmann ist nicht mehr zu bremsen

Rothmann wäre nicht Rothmann, würde er jetzt noch aus seinem Herzen eine Mördergrube machen. In seiner »Wydderantwort« belegt er klipp und klar, warum aus seiner Sicht die lutherische Auffassung der Sakramente falsch, weil nicht bibelgemäß ist.

Zur Abendmahlslehre: Hier solle Christi Gedächtnis gefeiert werden. Brot und Wein »ist nicht das naturliche wesentliche leib unnd blut« Christi. Der Glaube ist entscheidend. Was man sieht und isst, sind tatsächlich Brot und Wein. Fleisch und Blut Christi werden unsichtbar, indem man daran glaubt, gegessen. Das Abendmahl ist ein Gedächtnismahl. Rothmann vertritt hier eine im wesentlichen zwinglianische Position.

Doch nun zur Taufe: »Wie man sonst niemanden begräbt, er sei denn gestorben, so wird auch niemand recht getauft, der nicht dem alten Adam in der Taufe abschwört und den neuen, das ist Christus, anzieht.« Und: »Wer nicht von ganzem Herzen glaubt, der kann die Welt nicht überwinden und ihr recht abschwören. Deshalb ist dann die Taufe auch unnütz.« Die Aufnahme aller in die Kirche habe deren Verwüstung hervorgerufen. Auch Johannes habe allein die getauft, die ihre Sünden bereuten.

Von den Marburgern zur Zuspitzung getrieben, entwickelt Rothmann hier bereits eine Auffassung, die über eine bloße Ablehnung des Taufens von unwissenden und unmündigen Kindern hinausgeht. Auch für Erwachsene muss, nach seiner Logik, der Taufe ein bewusster Willensakt, eine Absage an die Welt vorausgehen. Das heißt aber weitergedacht: Nicht jeder Erwachsene ist für die heilige Kirche geeignet.

Und hier berührt er jenen neuralgischen Punkt, der die – theologisch völlig schlüssige – Ablehnung der Kindertaufe zu einer derart brisanten Frage macht, dass »Wiedertäuferei« im ganzen Reich mit der Todesstrafe verfolgt wird: Mit der bewussten Glaubenstaufe würde sich der Corpus Christianum, die Einheit von Staat, Gesellschaft und Kirche spalten. Kirche und Religion – erst einmal in die Entscheidung mündiger Menschen gestellt, egal ob katholisch oder evangelisch – verlören ihre Funktion als Bindemittel der mittelalterlichen und auch noch der frühneuzeitlichen Gesellschaft. Aus solchen – »politischen« – Erwägungen hatte zum Beispiel Zwingli seine frühe Ablehnung der Kindertaufe in späteren Jahren widerrufen: Er fürchtete um Zusammenhalt und Bestand der städtischen Bürgergemeinde.

Möglicherweise hat sich auch Bernhard Rothmann eine Zeitlang mit dem Gedanken getragen, seine Theologie solch »sachfremden« Gesichtspunkten, Gründen der Staatsräson sozusagen, zu unterwerfen. Sein Verhalten bei den Vertragsverhandlungen und der Entwurf seiner Kirchenordnung, die die Kindertaufe vorsieht, sprechen dafür. Doch nun, angesichts der provokanten Nachfragen aus Marburg, fühlt er sich vor allem als Theologe gefordert. Es ist schließlich nicht das erste Mal, dass der Doktor Luther und seine Partei ihn herausfordern, ja demütigen.

Noch im vergangenen Dezember hatten Melanchthon und Luther ihn brieflich vor zwinglianischen Verirrungen gewarnt. Mehr noch: An ihm, dem Reformator der Stadt, vorbei hatten sie sich mit ihren Warnungen an die Stadtobrigkeit, den münsterschen Rat gewandt – auch die »frömmsten und geschicktesten Prediger« erlägen oft den »Verstrickungen des Teufels«, wie sie bei den Zwinglianern und Wiedertäufern sichtbar würden. Fromm und geschickt, nun ja, aber eben nur ein »Prediger«… Jetzt sollen sie sehen, dass sie einen Theologen vor sich haben, die hochmütigen Herrschaften aus Wittenberg.

## Wer kann Rothmann widerlegen?

Nun also steht die »Wydderantwort« im Raum. Der Rat ist erschrocken, Syndikus von der Wieck entsetzt. Er begreift wohl als erster, welche Konsequenzen diese Positionen für die Stadt haben: nicht nur die Sympathie des Schmalkaldischen Bundes ist verscherzt. Nein, es geht um mehr, um viel mehr: Unter dem Verdacht der »Wiedertäuferei« – und dafür genügt ja schon der Zweifel an der Kindertaufe – wird die Stadt die Gegnerschaft des ganzen Reiches auf sich ziehen.

Auch Rothmanns langjähriger Förderer, der Kaufmann und Ratsherr Johann Langermann, und die Predigerkollegen Brictius und Glandorp kündigen ihm die Gefolgschaft auf. Andere – vor allem die Wassenberger Prädikanten um Heinrich Roll – schließen sich enger an ihn. Aber es sind spürbar weniger geworden.

Doch noch betrachtet der Rat das innerstädtische Abkommen vom Juli letzten Jahres als bindend: Damit ist Rothmann nach wie vor der ausschlaggebende Theologe der Stadt. Es sei denn, er wird widerlegt.

Wieck entfaltet hektische Betriebsamkeit. Innerhalb von gut zwei Wochen organisiert er eine Disputation, eine jener theologischen Redeschlachten, die zu dieser Zeit über die Wahrheit oder Falschheit der christlichen Lehre entscheiden.

Am 7. August ist es soweit. Vor einer ausgewählten Zuhörerschar – Rat und Gesamtgilde, die Gemeinheit wird vorsichtshalber ausgesperrt – treten an: auf der einen Seite Bernhard Rothmann mitsamt den Wassenbergern, als Kontrahenten – neben katholischen Geistlichen – die Fürsprecher der lutherischen Position Brictius, Glandorp, Wirtheim und als Hauptmatador der Rothmann-Gegner dessen alter Lehrer, der Humanist Hermann Buschius.

Disputiert werden soll über die Frage der Sakramente. Zuerst über die Taufe. Wieck trägt eine längere Einleitung vor. Theologische Aspekte spielen dabei keine Rolle – immer und immer wieder weist er warnend auf die reichsrechtlichen Konsequenzen hin, die ein Beharren auf Rothmanns Position für die Stadt haben würde. Seine Hauptsorge: Wenn Rothmann nicht umschwenke, könnten am Ende gar wieder die Papisten triumphieren.

Dann beginnt die Redeschlacht. Aus dem Protokoll:

Rothmann: »Man soll nicht achten auf Doktoren und Lizenziaten, Meister oder andere Gelehrte, auch nicht auf Fürsten und Herrn, Stände, Reiche oder Städte, sondern allein auf das pure reine Wort Gottes.«

Der Wassenberger Staprade streitet ab, er solle gepredigt haben, dass man hier mit der Kindertaufe »Aufruhr machen« wollte. Doch bestätigen alle, dass Heinrich Roll gesagt habe, »die Kindertaufe sei unrecht und ein Greuel vor Gott«. Sie wollen aber gerne ihre Meinung ändern, wenn sie ihnen jemand aus der Schrift widerlegt. Vinne: »Derweil ich nicht finden kann, daß Christus die Kindertaufe befohlen hat, auch die Apostel sie nicht ausgeübt haben, so kann ich dieselbige nicht für rechtens ansehen.«

Daraufhin ist die Gegenseite am Zug. Ein Augustinermönch »erachtet die Kindertaufe für christlich und kann mehr nicht dazu sagen«. Briktius tom Norde reicht eine schriftlich ausgefertigte Confessio ein (der Rat nimmt sie entgegen, hält sie aber offenkundig nicht für so überzeugend, dass er sie irgendwann noch einmal erwähnt).

Jetzt Hermann Buschius: »Herr Bernd, lieber Herr und guter Freund, daß die Kindertaufe ein Greuel vor dem allmächtigen Gott sein soll, ist greulich zu hören, wenn dem nämlich so wäre, so wäre von allen, die wir hier sind, noch keiner getauft und wir wären allesamt ein Greuel vor Gott. Wir haben aber gehört, daß die Kindertaufe nirgendwo in dem Wort Gottes begründet oder befohlen sei. Darauf antworte ich: Wenn alles das ein Greuel sein soll, was nicht ausdrücklich in der Schrift steht, so muß es auch ein Greuel sein vor Gott, daß man den Frauen das Sakrament des Leichnams und Blutes Christi reicht, denn davon steht nichts in der Schrift. Auch soll nichts wahr sein, es sei denn, es steht in der Schrift; so wünsche ich, daß man mir anzeige, wo in der Schrift steht, daß die Kindertaufe ein Greuel vor Gott ist.«

Rothmann tritt auf: »Hierauf antworte ich, daß mit dem Argument nicht widerlegt ist, daß die Kindertaufe ein Greuel ist, denn es ist offenbar, daß die papistische Messe denen vor Gott ein Greuel ist, die diese recht verstehen. Daraus folgt aber nicht, daß die ebenfalls ein Greuel vor Gott seien, die diese bislang begangen haben oder noch begehen. Denn unwissende Sünden werden vor Gott nicht als Greuel angesehen.«

Nach diesem geschickten Appell an die gemeinsame reformatorische

Überzeugung geht er in die Offensive: »Daß die Kindertaufe in der göttlichen Heiligen Schrift nicht ausgedrückt und kein klares Wort hat, auf das sie gegründet ist; so ist diese weder Gottes Gebot noch Wort.« Und dann das Hauptargument: »Alles, was nicht aus dem Glauben kommt, das ist Sünde. Hieraus wird klar genug, daß die Kindertaufe abseits der Schrift ohne Glauben geschieht und deshalb Unrecht, Greuel und Sünde ist.«

Darauf antworten wiederum seine Kontrahenten, doch sehr viel neue Gesichtspunkte kommen nicht hinzu – allenfalls die Beschneidung der israelitischen Knaben wird noch als Vorbild für die Kindertaufe bemüht. Am nächsten Tag redet Rothmann praktisch allein. Ausführlich zerpflückt er die Argumente seiner Gegner. Nach Rothmanns mit Bibelzitaten gespickter Rede geht seinen Kritikern offenbar die Disputierlust aus. Der alte Buschius ist müde und kann nicht mehr recht folgen, seine Partei beantragt Vertagung.

Das findet Zustimmung – schließlich soll ja noch über das zweite Sakrament, das Abendmahl, disputiert werden. Doch die geplante Fortsetzung wird stillschweigend gestrichen. Auch eine weitere schriftliche Stellungnahme von Glandorp und Wirtheim behält der Rat unter Verschluss. Ergebnis: Rothmann und die Seinen haben auf der ganzen Linie triumphiert. Seine Kontrahenten und deren Argumente waren zu schwach, ihn zu widerlegen.

## Der Rat versucht alles

Hat Wieck den Prediger unterschätzt? Hätte der Syndikus die Disputation nicht doch etwas langfristiger und gründlicher vorbereiten sollen? Jetzt ist die Lage für den lutherischen Rat der Stadt nicht gerade günstiger geworden. Doch wenn Rothmann und seinen Mitstreitern im Abtausch der Argumente nicht beizukommen ist, muss man es eben auf anderem Wege versuchen.

Am 7. September kommt es zu einer gezielten Provokation: Ratsherren geleiten einige Eltern mitsamt ihren Neugeborenen zur Lambertikirche. Dort fordern sie von Hermann Staprade, der gerade erst von der Gemeinde ohne Zustimmung des Rates zum Prediger ernannt worden ist, diese Kinder zu taufen. Staprade, der unter den Wassenberger Prädikanten als besonders fanatisch gilt, reagiert wie vorgesehen. Er weigert sich.

Mit diesem Schachzug haben die Lutheraner einen mächtigen Bundesgenossen gewonnen: Die tief verwurzelte Angst der Eltern, die Seelen ihrer ungetauften Kinder könnten nicht in den Himmel kommen. Damit ist die Frage der Taufe von den Höhen der theologischen Dispute auf die Ebene der Volksfrömmigkeit heruntergeholt.

Das wirkt sofort: Die Empörung in der Gemeinde und der ganzen Stadt ist groß. Solchen Rückenwind nutzend, setzt der Rat Staprade vom Predigeramt ab und weist ihn aus der Stadt. Aber mehr noch: Bernhard Rothmann selbst, bis vor kurzem noch gefeierter Reformator der Stadt, wird von seiner eigenen Lamberti-Gemeinde – vermutlich hilft der Rat kräftig nach – ebenfalls des Amtes enthoben.

Die Obrigkeit setzt nach: Sie lädt Rothmann und die anderen Prädikanten vor die Ratskammer, um sie vor die Wahl zu stellen, entweder Kinder zu taufen oder auch ausgewiesen zu werden.

Am 17. September antworten Rothmann und die Wassenberger brieflich. Sie weigern sich, die Stadt zu verlassen und weisen darauf hin, dass sie theologisch nach wie vor nicht widerlegt sind. »Außerdem verwundern wir uns, daß Ihr, die Ihr bloß der weltlichen Gerichtsbarkeit mächtig seid, Euch auch das Recht, über diese Sache zu urteilen anmaßt. […] Wenn Ihr oder sonst jemand etwas gegen uns gehabt habt, so hättet Ihr solches in der Kirche und Versammlung der Gläubigen, in unserer Gegenwart vortragen sollen; wären wir alsdann nicht mit dem Schild der Wahrheit bewaffnet und außer Stande gewesen, unsere Lehre mit klaren Zeugnissen der heiligen Schriften zu verteidigen, so hätte man uns mit Recht verurteilt und bestraft.«

Gleichzeitig ruft Rothmann seine Verbündeten aus alten Tagen, die Gilden, um Hilfe und Vermittlung an. Von denen hat man ja tatsächlich – im Vergleich zu den vorangegangenen Jahren – in den letzten Monaten wenig gehört. Nur der Rat agiert. Das ist aber nicht unbedingt verwunderlich. Denn seit der Ratswahl im März ist es ganz überwiegend die gleiche soziale Gruppe, das Neu-Honoratiorentum, das sowohl den Rat wie auch die Gildenführung besetzt. Wie von der Wieck im Frühjahr befriedigt feststellte: Es herrscht Einträchtigkeit zwischen Rat und Gemeinheit. Weil es also an Interessengegensätzen fehlt, hat die Gesamtgilde sich vornehm zurückgehalten und den Kollegen vom Rat weitgehend das Feld überlassen.

Jetzt aber, direkt angesprochen und auch, weil es in der Gemeinheit, wo Rothmann immer noch seine Anhänger hat, rumort, wird sie wieder aktiv: Am 3. Oktober kommt es durch Vermittlung der Gesamtgilde zum Kompromiss. Rothmann gesteht dem Rat das Recht zu, für Wahrheit und Frieden in der Stadt zu sorgen und akzeptiert ein Predigtverbot zu den strittigen Fragen, das heißt zu den Sakramenten Taufe und Abendmahl. Er bekommt eine Predigerstelle in St. Servatii zugewiesen, dem kleinsten Kirchspiel, eigentlich keiner regelrechten Pfarrkirche, sondern einer alten Privat-Kirchgründung von Erbmannsgeschlechtern. Das generelle Predigtverbot für die Wassenberger bleibt bestehen, sie dürfen aber in der Stadt bleiben.

## Ein Bürgerrecht rückt ins Zentrum

Dieser Kompromiss mutet einigermaßen rätselhaft an. Jedenfalls angesichts der Lage, in der die Stadt Münster steckt. Ihre frischbehauptete Unabhängigkeit ist von einem mächtigen, katholischen, vor allem aber in seiner Autorität herausgeforderten Landesherrn bedroht. Der einzig mögliche Bundesgenosse, der Schmalkaldische Bund, stellt Bedingungen. Statt diesen Bedingungen schleunigst nachzukommen, verhält sich die Stadt aber merkwürdig zögerlich. Der augenscheinliche Hinderungsgrund, der städtische Reformator Bernhard Rothmann, hat sich mit seinen früh-täuferischen Positionen in der Stadt isoliert. Warum also schiebt der Rat Rothmann nicht kurzerhand völlig beiseite, um endlich dem Schutzbündnis der Schmalkaldener beitreten zu können? Wo liegt das Hindernis?

Offensichtlich nicht in der Frage der Sakramente. Hier ist Rothmann zur Zeit in einer klaren Minderheitsposition – sogar seine eigene Gemeinde hat ihn abgesetzt. Und doch muss es da etwas geben, das ihn trägt, einen verborgenen Grund, der ihn auch in dieser Zeit im Kraftzentrum der Stadtpolitik hält.

Um diesen Grund aufzuspüren, werfen wir einen kurzen Blick zurück in den Frühsommer. Angesichts der erbitterten, von den Lutheranern provozierten Debatten um die Kindertaufe kann es leicht in Vergessenheit geraten: Es war ja nicht die Frage der Sakramente allein, die die Marburger Theologen an der münsterschen Kirchenordnung auszusetzen hatten. An erster Stelle stand etwas anderes: die demokratische Wahl der Prediger durch die Gemeinde.

Und in der Tat finden wir hier die wohl gewichtigste Folge jener kleinen Unterschiede, die Münsters Reformation von der anderer Städte unterscheidet. Münster ist etwas zu spät dran: In der Stadt gilt den Bürgern – wie früher andernorts auch – jenes Recht auf Predigerwahl als handgreifliche und zentrale Errungenschaft ihrer neugewonnenen christlichen Freiheit. Reichsweit aber hat sich bei den protestantischen Reichsständen – unter Führung der Fürsten – inzwischen ein gegenläufiger Trend durchgesetzt: der Übergang zum sogenannten »landesherrlichen Kirchenregiment«.

Die Reformation in ihrer lutherischen Ausformung hat jene Gestalt angenommen, die die Historiker heute als »Fürsten-Reformation« bezeichnen. Dass dabei obrigkeitsstaatliche Züge durchbrechen und Bürgerrechte – wie eben das auf Wahl der Prediger – wieder kassiert werden, führt zwar mancherorts zu Unmut, muss aber letztlich geschluckt werden: Ohne die mächtigen Fürsten wären die Protestanten dem Kaiser schutzlos ausgeliefert.

Luther selbst hat dies mit Blick auf die münsterschen Verhältnisse bereits im vergangenen Dezember formuliert – in seinen Mahnbriefen an Rothmann und den Rat. Seine Warnung vor den »Verstrickungen des Teufels« untermauert er auf bezeichnende Weise: mit dem Beispiel der Zwinglianer und Täufer, welche nämlich »immer zum Aufruhr geneigt sich in die politischen Sachen mischen und keck regieren wollen«.

Seine Marburger Kollegen urteilen im Frühsommer nicht anders: Die münstersche Kirchenordnung sei »gefährlich«, weil »die Gemeinheit nichts Gutes ausrichte«. Als Beleg wissen sie – in Ermangelung geeigneter Bibelstellen – freilich nur das Beispiel des »Pöbels« der antiken Städte Athen und Rom anzuführen.

Darauf kann Rothmann in seiner »Wydderantwort« souverän kontern: Ob die Lutheraner im Ernst den heidnischen Pöbel der Antike mit einer rechtgläubigen Christengemeinde vergleichen wollten? Außerdem weiß er die heilige Schrift auf seiner Seite: Die Pfarrerwahl sei in der Bibel begründet, sie war ein Brauch der frühen Christen. Und dann fährt Rothmann schweres Geschütz auf: Die Wahl der Kirchendiener wieder an eine Obrigkeit zu binden, bedeute, dass »der Kirche ihre Gerechtigkeit genommen und den Massen ein neues Papsttum aufgerichtet werde.«

Mit dieser Position kann Rothmann sich der überwältigenden Rückendeckung durch die münstersche Bürgerschaft sicher sein. Auch jetzt noch, im Oktober. Das Recht der Bürger, die Verkünder des Evangeliums selbst zu wählen, ist gerade erst ein halbes Jahr alt. Und es steht als Symbol schlechthin für ihren erfolgreichen Kampf gegen den katholischen Landesherrn und gegen den zögerlichen alten Rat. Eine Rücknahme dieses Bürgerrechts erscheint unvorstellbar. So unvorstellbar, dass sie nicht einmal der Diskussion wert ist: Mit einem geradezu verdächtigen Stillschweigen beantworten Münsters Bürger diese Zumutung des Schmalkaldischen Bundes.

Und damit löst sich das Rätsel des Oktober-Kompromisses zwischen Rat und Rothmann. Trotz Rothmanns weitgehender Isolation in der Frage der Kindertaufe ist es Münsters Rat nicht möglich, an ihm vorbei zur lutherischen Tagesordnung überzugehen und auf die Linie der Schmalkaldener einzuschwenken.

Das hat zwei Konsequenzen:

Außenpolitisch bleibt Münster weiter ohne Bündnispartner. Und deutlicher noch als zuvor droht ein erneutes Eingreifen des bischöflichen Landesherrn, der sich jetzt auf den Rückhalt aller Reichsstände stützen könnte. In der Folgezeit wird deutlich werden, wie sich diese außenpolitisch unsichere Lage auf die Situation in der Stadt auswirkt. Den Bürgern wird immer bewusster, dass sie von außen her gefährdet und auf sich allein gestellt sind. Die Herstellung und Wahrung der innerstädtischen Eintracht erhält damit ein immer größeres Gewicht.

Im Inneren aber setzt sich der religiöse Gärungsprozess fort. Denn es ist eben das Unstrittige des Bürgerrechts auf Predigerwahl, in dessen Windschatten das Strittige, ja Minoritäre – nämlich Rothmanns Positionen zu den Sakramenten, insbesondere zur Taufe – sich halten und nur halbherzig bekämpft werden kann. Rothmann bewegt sich damit zwar auf dünner gewordenem Eis, aber es trägt ihn: Er kann in der Stadt bleiben und weiterwirken.

## Rothmann sondert sich ab

Für Rothmann selbst muss sich die Lage freilich anders darstellen. Er kann seine momentane Situation nur als herben Verlust von Ansehen und Wirkungsmöglichkeiten erleben. Vor wenigen Monaten noch gefeierter Reformator Münsters, stets ehrlich und konsequent an der heiligen Schrift orientiert, in allen Disputen unwiderlegt geblieben. Und nun von der Obrigkeit unterdrückt und auf eine unbedeutende Pfarre abgeschoben, ja sogar von vielen bisher treuen Anhängern im Stich gelassen. Diese Enttäuschung Rothmanns wird das Entscheidende dazu beigetragen haben, dass er in den nun folgenden Wochen alle Hoffnung aufgibt, diese Stadt, die sich ihm so halbherzig, undankbar und verstockt darstellt, zur Gänze auf den rechten Weg führen zu können. Offenbar ist die rechte Erkenntnis nicht allen möglich: viele sind berufen, wenige nur auserwählt. Steht nicht auch in der Schrift, dass die Pforte zum Himmelreich eine sehr enge ist?

Und genauso formuliert Rothmann es dann auch in seiner Schrift »Bekenntnisse van beyden sacramenten«, die er am 23. Oktober fertigstellt. Noch einmal legt er seine in der Disputation vom 7. und 8. August vertretenen Argumente dar. Das Abendmahl sieht er als Zusammenkunft zu Christi Gedächtnis an; es trägt für ihn keinen Sakraments-Charakter. Seine Lehre von der Taufe leitet er ab aus einer Untersuchung der Taufe bei Johannes und Christus, die Erwachsene getauft hätten. Von der Kindertaufe sei kein Wort in der Schrift enthalten. Den Glauben an ihren seligmachenden Wert sieht Rothmann als Abgötterei an.

Doch bei dieser Ablehnung der Kindertaufe hält Rothmann sich nicht lange auf. Längst denkt er darüber nach, welchen positiven Inhalt denn nun die Taufe der mündigen Gläubigen hat. Und da können wir Rothmanns Worten die bittere Erfahrung der letzten Wochen ablesen: »Gewiß ist sie die enge Pforte, wovon Christus sagt: Es geht nämlich niemand rechtschaffen durch die Taufe in die Kirche, in das Reich des Himmels, als der, der in der Taufe das alte sündige Leben auszieht und ablegt.« Die Pforte ist »ohne Zweifel sehr eng; und man kann nicht mit Sack und Pack des alten Lebens hindurch, es muß alles vor dieser Pforte abgelegt und dort begraben werden. (Darüber) sagt Christus, daß wenige dadurch eingehen. Es werden allerdings viele ins Wasser getaucht und nehmen deshalb an, sie seien getaufte Christen.«

So hat sich nun bei Rothmann – in einer Mischung aus theologischer

Konsequenz und bitterer persönlicher Erfahrung – ein Gemeindeverständnis entwickelt, das mit der Konsequenz der Glaubenstaufe aufs engste verbunden ist: Seine Gemeinde ist nicht mehr die gesamte Bevölkerung eines Kirchspiels oder einer Stadt, sondern sie ist eine Gemeinde der wenigen Gerechten, eine Gemeinde der »Auserwählten«, »in die niemand gehört, der nicht von Herzen geneigt ist, in der Heiligkeit des Glaubens und des Lebens Gottes Namen zu preisen und seinen Nächsten zu dienen.«

Das ist er, der Bruch mit dem Corpus Christianum, mit allem, was bisher für die Einheit von Kirche, Staat und Gesellschaft gilt. Der Bruch ist radikal: Aller »Sack und Pack« des alten, sündigen Lebens hat draußen zu bleiben, etwas ganz Neues beginnt. Und so hören wir schon hier einen neuen Ton: Die Gläubigen treten durch die Taufe in die Kirche ein, »wie es denen geschah, die in die Arche gingen.« Die Gemeinde der Auserwählten – eine Arche? Steht etwa eine neue Sündflut, steht ein Strafgericht Gottes bevor?

## Die Spaltung der Bürgerschaft – und ihre Einigung

Zweifellos braut sich einiges zusammen. Dem Fürstbischof sind die Entwicklungen in der Stadt natürlich nicht verborgen geblieben. Er wittert seine Chance. Gegen die Reformation darf er offiziell nichts unternehmen. Aber dass die Stadt in ihren Mauern »wiedertäuferisches« Gedankengut duldet – dagegen kann Franz von Waldeck als Landesherr sehr wohl einschreiten. Und wer weiß, vielleicht lässt sich auf diesem Wege gar die »Schmach von Dülmen« tilgen und die widerspenstige Stadt wieder stärker an die fürstliche Kandare nehmen.

Am 28. Oktober fordert er den Rat in scharfem Ton auf, die täuferischen Prediger auszuweisen. Er droht mit der Ungnade des Kaisers und strengen Strafen. Interessant an seinem Drohbrief ist zweierlei: Zum einen begründet er, dass durch die Irrlehren »der gemeine Mann unruhig gemacht«, der »einfältige Pöbel verführt« werden würde, und zum anderen bezeichnet er die Prediger als »Landläufer und irrige unbekannte Gesellen«, die »in unsere Stadt Münster ordentlicher, christlicher Weise unberufen selbstwillig eingedrungen« seien.

Hier entwickelt Franz von Waldeck zwei Argumentationsmuster, die sich als äußerst hartnäckig erweisen sollen: Bis in unsere Zeit herrscht die fürstbischöfliche Betrachtungsweise vor, nach der das münstersche Täuferreich erstens auf der Verführung ungebildeter Massen beruhte und zweitens den braven Münsteranern durch fremde Unterwanderer aufgezwungen worden sei.

In Wirklichkeit ist es natürlich anders: Die Prädikanten waren allesamt bis vor kurzem »ordentlicher, christlicher Weise berufene« Prediger der städtischen Kirchspiele. Rothmann, der mit Abstand Wichtigste von ihnen, ist seit seiner Schulzeit ein münstersches Eigengewächs. Und den »Pöbel« betreffend: Der Ausdruck mag zur damaligen Zeit – von einem Adligen – genauso verächtlich gebraucht worden sein wie heute, aber der populus, die »Gemeinheit« der Stadtbürger bestand zum bedeutenden Teil aus reichen und gebildeten Bürgern, von denen wohl nicht wenige über eine bessere Bibelkenntnis und ein größeres religiöses Interesse verfügten als ihr Fürstbischof.

Das alles weiß Franz von Waldeck natürlich. Seine schiefe Argumentation entspringt taktischen Überlegungen: Er will dem Rat nahelegen, die Prediger als »Aufrührer« und »Fremde« aus dem Schutzverband der Stadt auszuschließen. Er sieht den Spalt innerhalb der Bürgerschaft und trachtet ihn zu vertiefen.

Das gelingt ihm auch. Aber vielleicht mit anderen Ergebnissen, als er sich vorgestellt haben mag. Denn inzwischen ist Bernhard Rothmann nicht untätig geblieben. Seine Anhängerschaft sammelt sich in St. Servatii, um seine Predigten zu hören, und sie vergrößert sich wieder. Der neue

Akzent in Rothmanns Lehre hat seine Wirkung: Für die Zuhörer ist es zweifellos eine attraktive Vorstellung, einer Schar von »Auserwählten« anzugehören. Vor allem aber trifft Rothmann damit eine sich rasch verbreitende Stimmung in der Stadt.

Die Drohung des Fürstbischofs hat den Bürgern wieder vor Augen geführt, wie allein und auf sich selbst gestellt die Stadt im Konfliktfall sein würde. Die Hoffnung auf Unterstützung durch die Protestanten des Reichs hat sich in den Augen vieler Bürger zerschlagen. Und haben die Münsteraner es denn nicht schon einmal geschafft, sich gegen ihren Bischof zu behaupten, damals, im Februar, und zwar allein, ohne fremde Unterstützung?

Das Gefühl, allein einer äußeren Bedrohung gegenüberzustehen, gepaart mit trotzigem Selbstbewusstsein, bildet einen idealen Nährboden für die Vorstellung des »Auserwähltseins«, wie Bernhard Rothmann sie predigt. So sammelt sich hinter Rothmann der eine Pol der münsterschen Bürgerschaft: jene Kräfte, die am entschlossensten sind, auf die eigene Kraft zu vertrauen und allen äußeren Gefährdungen standzuhalten.

Den anderen Pol bildet die noch immer mächtigste Fraktion der Bürgerschaft: das Luthertum um von der Wieck und den Rat. Auch hier gerät durch die Einmischung des Bischofs einiges in Bewegung. Rat und Syndikus ihrerseits sind jetzt fest entschlossen, doch noch die Unterstützung der Führer des Schmalkaldischen Bundes als Rückhalt zu gewinnen. Dazu – und auch, um dem Bischof jeden Vorwand zu nehmen – sind sie bereit, Rothmann und die anderen Prediger aus der Stadt zu weisen. Das bedeutet, sie müssen den Kompromiss vom 3. Oktober aufkündigen. Das aber geht nicht ohne Zustimmung der Gesamtgilde.

Es beginnt eine turbulente Woche: Am 2. November kritisiert Rothmann die Lutheraner öffentlich und sagt sich von ihnen los. Empört berichtet Wieck später, Rothmann habe den Lutheranern vorgeworfen, dass sie »ein bübischeres Leben führen« als die anderen.

An den drei darauffolgenden Tagen, vom 3. bis zum 5. November, kommt es zu dramatischen Verhandlungen zwischen Rat und Gesamtgilde. Letztere ist nämlich selbst längst in den Sog der Polarisierung geraten, ein Teil der Gildemeister tendiert zu den Rothmann-Anhängern. Ja, sogar einer der beiden Führer der Gesamtgilde, der Aldermann Hinrich Redeker, macht sich für Rothmann stark und liefert sich hitzige Rede-Duelle mit von der Wieck – bis spät in die Nacht des 3. November. Eine Verständigung kommt nicht zustande: Die Gesamtgilde würde einer Ausweisung der Wassenberger Prädikanten zustimmen, nicht aber einer Vertreibung Rothmanns.

In dieser verfahrenen Situation greift der Rat zu einem ganz ungewöhnlichen Mittel: Er sucht die Unterstützung der dritten Fraktion der Stadt – die der noch verbliebenen Bischofsanhänger. Zwar sind die Katholiken aus praktisch allen wichtigen Ämtern der Bürgerschaft vertrieben, aber natürlich stellen sie eine immer noch beträchtliche Zahl unter den Bürgern, insbesondere unter den Erbmännern und Alt-Honoratioren. Genau diese lädt nun der Rat für den nächsten Tag zur Teilnahme an der Beratung ein.

Das aber heizt die Debatten nur noch mehr an: Auf dem Siedepunkt stehen sich Katholiken, Lutheraner und Rothmann-Anhänger bewaffnet gegenüber. Letztere sehen sich zwar zunächst allein der Übermacht der beiden anderen Parteien gegenüber, doch deren Allianz zerbricht sehr schnell. Die Katholiken nämlich – offenbar in Überschätzung ihrer Stärke – begnügen sich plötzlich nicht mehr mit der Ausweisung Rothmanns und der anderen Prediger, sondern fordern die Wiedereinsetzung der katholischen Gebräuche und die Annullierung des Dülmener Vertrages.

Das aber will von der Wieck ja gerade verhindern. Die Lutheraner protestieren wütend, ihre Allianz mit den Katholiken platzt oder besser: Sie kehrt sich um. Rothmann verkündet, in dieser Situation natürlich den Rat stützen zu wollen – gegen die Katholiken, gegen das Wiedererstarken des Bischofs.

Damit ist die Lage grundsätzlich verändert. Am nächsten Tag kommt es zu einem Kompromiss: Die Wassenberger Prädikanten werden aus der Stadt gewiesen, immerhin bekommen sie vom Bischof freies Geleit zugesichert und verbrieft. Rothmann hingegen erhält Predigtverbot, darf aber in der Stadt bleiben. Diese Übereinkunft vom 6. November zeigt: Gegen die Bedrohung von außen rückt die Bürgerschaft zusammen, und zwar unter Führung ihrer derzeit stärksten Kraft, der Lutheraner. Rothmann ist bereit zurückzustecken. Aber – gestützt auf Teile der Gesamtgilde – kann er sein Wirken fortsetzen, wenn auch nicht in öffentlichen Predigten. Ganz also hat von der Wieck sein Ziel nicht erreicht: Der Pfahl im Fleische bleibt.

## Fabricius tut, was er kann

Dem sucht Wieck nun auf andere Weise beizukommen. Am 8. November trifft die von ihm angeforderte theologische Verstärkung ein: zwei bewährte Prediger des Landgrafen von Hessen, Theodor Fabricius und Johann Lening. Letzterer schätzt die Stimmung in der Bevölkerung bald schon so ein, dass er Münster wieder den Rücken kehrt.

Fabricius hingegen ist voller Kampfeseifer. Ihm hat der Landgraf aufgetragen, Rothmann in theologischen Gesprächen von der wahren lutherischen Lehre zu überzeugen – ein Unterfangen, dem Wieck nach leidvoller Erfahrung keine großen Erfolgschancen einräumt. Schließlich hatten sogar die Briefe des Straßburger Reformators Martin Bucer, dem Rothmann immerhin näher stand als Luther, nichts erreichen können.

Während Wieck also bald über neue Mittel nachsinnt, wie man die Stadt von Rothmann befreien könnte, diskutiert Fabricius eifrig mit Rothmann. Und schon bald – so meint er – kann er Fortschritte verkünden: Rothmann und er seien sich weitgehend einig, nur die Frage der Taufe, und zwar genauer: des rechten Zeitpunkts der Taufe, sei zwischen ihnen noch strittig.

Seine etwas naiv vorgetragene Erfolgsmeldung hat aber eher unerwünschte Auswirkungen. Viele Bürger murren: Wenn die angebliche Ketzerei Rothmanns auf eine solche, scheinbar unbedeutende Kleinigkeit zusammenschrumpft, warum hat Rothmann dann noch Predigtverbot? Und der aus Hessen zugereiste Fabricius darf auf Rothmanns alter Pfarrstelle in St. Lamberti offiziell predigen? Schon bald mehren sich die Angriffe gegen Fabricius. Es kommt häufiger zu Zwischenrufen und Störungen des lutherischen Gottesdienstes. Rothmann hingegen erscheint immer mehr Bürgern als ein zu Unrecht Unterdrückter, der Rat als ein Organ, das die Verkündung der wahren christlichen Lehre mit obrigkeitlichen Mitteln verhindern will.

Einen weiteren Arbeitsauftrag kann Fabricius erfolgreicher erfüllen: Am 18. November legt er dem Rat den Entwurf einer neuen Kirchenordnung vor. Diese Ordnung – sie ist nicht überliefert – wird am 30. November verabschiedet. Bei dieser Gelegenheit sehen wir Bernhard Rothmann in einem seiner rar gewordenen öffentlichen Auftritte. Er versucht die Verlesung dieser Kirchenordnung durch Zwischenfragen zu stören.

Ansonsten hält er sich an das verhängte Predigtverbot. Das ist nur auf den ersten Blick verwunderlich. Diese Maßnahme scheint ihn nicht mehr sonderlich getroffen zu haben – längst sondern sich seine Anhänger, der Idee der »Auserwähltheit« folgend, mehr und mehr von den anderen Bürgern ab, oft finden ihre Zusammenkünfte und Gottesdienste heimlich statt. Ihr Zulauf aber hält an, jetzt ist er vom Rat sogar noch schlechter zu kontrollieren.

Kein Wunder also, dass Wieck, nachdem die Mission des Fabricius offenbar unglücklich verläuft, neue Überlegungen anstellt. Zwar sichern der Kompromiss vom November und die Anwesenheit von landgräflichen Predigern einen gewissen Schutz vor weiteren Angriffen des Bischofs – wenn auch der Schmalkaldische Bund unerreichbar scheint, so hält sein mächtigster Fürst, Landgraf Philipp von Hessen, doch in gewisser Weise noch seine Hand über Münster. Das Luthertum in der Stadt ist damit freilich alles andere als gesichert.

Seit Mitte November drängt Wieck deshalb darauf, dass der hessische Landgraf Rothmann zu sich einladen möge. Wenn Rothmann, so seine Überlegung, erst einmal – und sei es nur vorübergehend – aus der Stadt sei, werde es leichtfallen, mit seinen führerlosen Anhängern fertig zu werden.

Es zeugt von Wiecks Menschenkenntnis, wie er diesen Schachzug einfädeln möchte: Der auf eine fast naive Art disputierfreudige Rothmann soll vom Landgrafen eingeladen werden, »um sich unterweisen zu lassen und seine Gründe auch andern zu berichten«. Die schlaue Idee trägt zu späte Früchte: Rothmann wird, wie Wieck vorhergesehen hat, die doch noch am 15. Januar erhaltene Einladung sogar annehmen, kann schließlich aber nicht mehr aus der Stadt, da ein Edikt des Bischofs ihn mit dem Tod bedroht. Möglicherweise wäre Münster heute eine evangelische Stadt, wenn die Hessen etwas schneller auf Wiecks Plan reagiert hätten.

Es scheint keine Übertreibung von der Wiecks, die Entwicklung bis zu dieser Phase so stark an der Person Bernhard Rothmanns festzumachen. Für die Unabhängigkeit der Stadt gegenüber ihrem bischöflichen Landesherrn, das geheime Motiv all dieser Konflikte, hätte die Wahrung einer lutherischen Reformation vollkommen ausgereicht. Auch die soziale Umgruppierung in den städtischen Führungsschichten, die im Bund mit der Reformation überall Platz greift, ist für Münster abgeschlossen. Einzig der Tatbestand, dass es nicht gelingt, Münsters reformatorischen Kopf stillzustellen oder ihn zur Wirkungslosigkeit zu verurteilen, kann die seitherige Zuspitzung und Polarisierung erklären.

Doch jetzt, im Dezember 1533, setzt das Wirken einer Bewegung ein, die Rothmann selbst – obzwar er ihren Boden bereitet hat – mitreißen wird: Die Endzeiterwartung erreicht Münster.

## Bald wird der Herr Gericht halten

Die Erwartung des Weltendes, des Jüngsten Tags, ist den Menschen jener Zeit in einer uns heute völlig unvorstellbaren Weise gegenwärtig. Die »Lehre von den letzten Zeiten«, also die Eschatologie, gehört als fester Bestandteil zum Weltbild. Während der großen Krisen des Mittelalters hat man immer das Weltende erwartet – Kaiser oder Papst wurden dann zum Antichristen erklärt. Dass man so schnell bei der Hand ist, beim Auftreten gewisser Krisenzeichen gleich das Ende aller Zeiten zu befürchten, liegt an der dramatischen Bedeutung, die das Weltgericht für alle Menschen damals hat: Wenn es kommt, muss man vorbereitet sein und auf der Seite der Gerechten stehen – dann lässt sich das eigene Seelenheil nicht mehr im Nachhinein sichern, etwa durch gute Werke oder Fürbitten. Der bevorstehende Jüngste Tag ist also immer ein dringlicher Anlass, umzukehren und Buße zu tun, alle Bemühungen sofort auf das eigene Seelenheil zu richten.

Aufschwung und Verbreitung erhält dieses Bewusstsein durch den Buchdruck und die deutsche Schriftsprache. Jetzt können die Menschen selbst nachlesen, was die Heilige Schrift vom Anbrechen des Jüngsten Tages verkündet. Neben den alten Propheten findet vor allem die Johannes-Apokalypse viel Aufmerksamkeit. In ihr werden jene Vorzeichen geschildert, an denen die Gläubigen die anbrechende Endzeit rechtzeitig erkennen können.

Nach Johannes treten zunächst die vier »apokalyptischen Reiter« in Erscheinung – Pest, Krieg, Teuerung und Tod. Sie kündigen den Endkampf an: Ein grässlicher roter Drache erscheint im Himmel und wird vom Erzengel Michael auf die Erde gestoßen. Dort haben sich die 144.000 Heiligen versammelt, und der Drache ruft zwei Tiere aus der Tiefe des Meeres und der Erde herauf, die gegen die Heiligen Krieg führen sollen. Das eine Tier gleicht einem Panther, es hat Macht über Völker und Heere. Das andere Tier sieht aus wie ein Lamm, redet aber wie ein Drache; es ist der Antichrist, der die Menschen verführt, das andere Tier anzubeten.

Satan wird in den Abgrund verschlossen, und ein Engel zeigt dem Propheten Johannes das neue Jerusalem. Stich von Albrecht Dürer.

Dann sammelt der Christkönig die 144.000 Gerechten und besiegt das Heer der Tiere. Alle, die das Tier angebetet und sein Malzeichen angenommen haben, werden in einen Glutsee geworfen und vernichtet. Die Heiligen herrschen tausend Jahre zusammen mit Christus, doch muss das Tier – das ist der Satan – noch einmal freigelassen werden. Dann wird er

Krieg gegen die Gerechten führen. Ihm helfen die Völker von den Enden der Welt, Gog und Magog: »Ihre Zahl ist wie der Sand am Meer. Da zogen sie herauf über die Fläche der Erde und umzingelten das Lager der Heiligen und die geliebte Stadt. Aber es fiel Feuer von Gott herab aus dem Himmel und verzehrte sie.«

Wenn sich die Menschen am Anfang des 16. Jahrhunderts umsahen, mussten sie nicht lange suchen, um diese angekündigten Vorzeichen zu finden.

»Teuerung« – von 1527 bis 1534 gab es eine rapide Kornverteuerung, insbesondere das Jahr 1529 brachte eine katastrophale Missernte.

»Pest« – in den Jahren 1529 und 1530 kam es zu Seuchen in Westfalen: erst der sogenannte »englische Schweiß«, wohl eine Art Typhus, dann die Pest. Die Zahl der Opfer war nicht groß, doch sie reichte, um den apokalyptischen Tatbestand erfüllt zu sehen.

Doch vor allem: »Krieg« und »Tod« – die heidnischen Türken bedrängen das heilige römische Reich, das eine solche Anfechtung noch nie erlebt hatte. Rom galt als letztes der sogenannten vier Weltreiche. Nach Ende dieses Imperiums, so glaubte man, fiele der Antichrist über die Menschheit her und das Weltende komme. Noch die meisten deutschen Humanisten um 1500 und die Reformatoren teilten diese Überzeugung.

Auch Luther vertrat eschatologische Gedanken: »Des Teufels und Endchrists Gewalt ist's, die da wehre, was zur Besserung dienet der Christenheit.« Er sprach oft von »dieser letzten und ärgsten Zeit«.

Und in Münster hat nun auch die Lehre Rothmanns den Boden für das Aufkommen des Endzeit-Glaubens bereitet. Eine Schar von »Auserwählten« findet sich zusammen. Wie hatte Rothmann im Oktober geschrieben: Die wahre Gemeinde sei eine »Arche«? Die Arche des Alten Testaments sicherte den wenigen Gerechten Schutz vor einem alles vernichtenden Strafgericht Gottes. Wann wird es diesmal so weit sein?

Noch blicken alle, die das Weltende erwarten, nach Straßburg. Dort sitzt Melchior Hoffmann, der Kopf jener täuferischen Gruppe, die nach ihm »Melchioriten« genannt wird, im städtischen Gefängnis. Freiwillig. Denn er wartet auf seine wunderbare Errettung in dieser Stadt, die er als das Neue Jerusalem offenbart bekommen hat. Den entsprechenden Zeitpunkt, das Jüngste Gericht also, hat er für das Jahresende vorausberechnet. Um den Bestand der Gerechten, seiner Anhänger, angesichts dieses nahen Endes nicht zu gefährden, hat er ihnen vorläufig sogar untersagt, weiterhin mit Erwachsenentaufen hervorzutreten – zu blutig haben die Kaiserlichen unter den Täufern gewütet.

Überall im Reich werden die Straßburger Vorgänge mit Spannung verfolgt, so auch in Münster. Ende Oktober tritt hier das Gerücht auf, in einer Disputation mit Bucer habe Hoffmann gesiegt und die Stadt habe daraufhin seine Lehre angenommen. Das war blanker Unsinn. Doch für wie bedrohlich und virulent die münsterschen Lutheraner dieses Gerücht halten, zeigt die Tatsache, dass der Rat Münsters den Prediger Brictius umgehend mit einer niederdeutschen Übersetzung dieser Disputation beauftragt.

Besondere Wirkung haben Hoffmanns Lehren in den Niederlanden. Dort, wo die Reformation unter den härtesten Unterdrückungsmaßnahmen der Habsburger zu leiden hat, finden radikale und subversive reformatorische Strömungen den größten Anklang. Und dort, in Amsterdam, tritt seit Anfang November der Haarlemer Bäcker Jan Mathys auf, ein Anhänger Hoffmanns. Mathys verkündet eine neue Offenbarung: Er selbst sei jener zweite Prophet, Henoch, der nach den apokalyptischen Weissagungen noch fehlt. Und das Weltende werde sich nicht am Jahresende, sondern wenige Wochen später, am Osterfest, dem 5. April 1534 ereignen. Vor allem aber zieht er aus dem nahen Weltende eine andere Konsequenz als der gefangene Hoffmann: Die Gemeinde der Gerechten muss zu diesem Zeitpunkt gerüstet sein – durch die Taufe. Und so nimmt Mathys die Erwachsenentaufe unverzüglich wieder auf.

Die Berichte von dieser neuen Entwicklung gelangen schnell bis zum grenznahen Münster, das ja traditionell über enge Beziehungen zu den Niederlanden verfügt. Die Einflüsse breiten sich jedoch sozusagen verdeckt aus. Die melchioritischen Täufer haben in der leidvollen Zeit blutigster Verfolgung gelernt, sich im Verborgenen zu bewegen. Und auch die münsterschen Rothmannisten sondern sich ab und leben abseits der Öffentlichkeit. Welch elektrisierende Wirkung die neuen Botschaften aus dem Westen jedoch in Münster haben, lässt sich an einem Vorgang ablesen, der in der ersten Dezemberhälfte die Stadt erschüttert und die traditionellen Machtverhältnisse aus den Fugen bringt.

## Ein Schmied als Prediger

Am 8. Dezember tritt ein junger Schmied, Johann Schröder, vor der Lambertikirche auf. Er predigt – schon das ein unerhörter Fall von »Laien-Priestertum« – und berichtet von seinen Eingebungen. Außerdem verteidigt er Rothmann, greift den unbeliebten Fabricius scharf an und fordert ihn zu einer Disputation heraus. Er kündigt eine erneute Predigt für die folgende Woche an. Als er am 15. Dezember tatsächlich auftritt, lässt der Rat ihn sofort festnehmen. Es mag als Zeichen für das explosive Klima gelten, dass die Stadtobrigkeit jetzt mit geradezu verzweifelter Entschlossenheit reagiert: Sie will Schröder als Aufrührer mit dem Tode bestrafen.

Das ungesetzliche Vorgehen des Rats – er hatte bei der Verhaftung wiederum die Gesamtgilde übergangen – und die barbarische Härte der vorgesehenen Strafe führen zu einer Eskalation: Die mächtige Schmiedegilde veranstaltet einen Auflauf und erzwingt die Freilassung Schröders. Neben der offenen Androhung von Gewalt argumentieren die Schmiede auch theologisch: Eine solche ungerechte Strafe werde den Zorn Gottes auf die Stadt lenken. Diese Beschwörung der direkt gegenwärtigen Strafgewalt Gottes spricht deutlich vom religiösen Klima in der Stadt. Der Rat gibt klein bei: Er lässt Schröder frei.

Die Schmiede feiern die Rettung ihres Gildegenossen mit einem Fest, wobei sie spontan ein Lied improvisieren, in dem es – so ist es überliefert – unter anderem heißt: »Wäre Christus in der Schmiedegilde gewesen, wäre er nach seinem Willen ungekreuzigt geblieben. Seine Gildebrüder hätten ihm helfen können aus seiner Not, so daß er nicht hätte leiden müssen den Tod.« Einmal abgesehen von dieser etwas waghalsigen Theologie – die Freude der Schmiede zeigt deutlich, wie sehr ihr genossenschaftlicher Protest von religiöser Begeisterung durchdrungen ist.

Politisch hat dieser Vorfall in der Stadt schwerwiegende Konsequenzen. Der Rat hat zunächst mit seiner verfassungswidrigen Aktion, dann mit seinem kleinlauten Rückzieher jegliche Autorität verspielt. Und die Gilden hat er nun endgültig auf die Seite der Rothmann-Anhänger getrieben. Damit ergibt sich wieder die alte Polarität zwischen Rat und Gilden, ähnlich wie noch ein Jahr zuvor, doch jetz unter welch anderen Vorzeichen!

Für den Rest des Jahres gelten in Münster – im Zuge dieser Aufspaltung – fast gesetzlose Zustände: Ratsleute und Bürgermeister werden auf offener Straße beschimpft und sogar mit Pferdeäpfeln beworfen, wobei sich Frauen besonders engagiert zeigen, darunter auch Nonnen. Gerade letzteres mag belegen, dass für das Klima in der Stadt nicht nur ein gewisses politisches Machtvakuum, sondern auch und vor allem eine immer mehr um sich greifende religiöse Aufbruchsstimmung verantwortlich ist. Aus den Nonnen-Klöstern etwa – bislang verlässliche Hochburgen der Bischofs-Anhänger – werden Auflösungserscheinungen gemeldet.

Ida von Merfeld, die Äbtissin des Stifts St. Liebfrauen, beklagt sich beim Bischof bitterlich über ungehorsame Schäfchen: Die »haben ihren Habit und gewöhnliche Kleidung verändert, auch gegen unseren Willen und unsere Vollmacht und Zustimmung zu den Predigten hingegangen und sich in der Stadt Münster bei etlichen Bürgern aufgehalten und nicht wieder zurückkommen wollen«. Sie fragt ratlos an, »wie wir mit unseren entwichenen Jungfrauen und auch denen, die künftig entweichen möchten, es halten sollen.«

Taufdarstellung. Stich von 1624.

So kann es auch nicht wundernehmen, dass die ausgewiesenen Prädikanten über die Weihnachtsfeiertage nach Münster zurückkehren. Ihr geistiger Kopf Heinrich Roll predigt wenig später, am Neujahrstag 1534, wieder öffentlich in St. Ägidii. Über den Inhalt seiner Predigt wissen wir nichts, doch Roll ist soeben aus Amsterdam zurückgekehrt, wo er Mathys getroffen und über Rothmanns »Bekenntnis« berichtet haben soll. Der Rat lässt die Kirche schließen – eine eher hilflose Geste: Gegen die neuerliche Anwesenheit der Prädikanten in der Stadt kann er schon nichts mehr unternehmen.

## Die Auserwählten lassen sich taufen

In diese politisch und religiös aufgeladene Situation hinein geraten nun, am 5. Januar 1534, zwei Abgesandte des Jan Mathys: Bartholomäus Boekbinder und Willem de Kuiper. Sie sind auf heimlicher Missionsreise durch mehrere Orte. Doch in Münster finden sie eine Stadt, die auf ihre Botschaft geradezu gewartet zu haben scheint. Für Bernhard Rothmann und seine Anhänger gibt die Verkündigung der Apostel des Mathys den letzten Anstoß: Gestützt auf mehrere Bibelstellen weisen sie nach, dass das unmittelbar bevorstehende Strafgericht Gottes nur diejenigen verschonen wird, die auch äußerlich als »Gerechte« gekennzeichnet sind. Dieses Zeichen der Gerechten aber ist die Taufe.

Rothmann und die Seinen zweifeln keinen Augenblick. Zu deutlich sind die Vorzeichen, zu eindeutig die Aussagen der heiligen Schrift. Und Rothmanns Theologie selbst ist bis zu einem Punkt entwickelt, wo es kaum noch weiterer Überzeugungsarbeit bedarf: Jetzt also ist es Zeit, dass die Auserwählten sich in die »Arche« retten. Unmittelbar lassen sich Rothmann und die Wassenberger taufen. Und in der Folge wetteifern ihre Anhänger geradezu darin, sich ebenfalls taufen zu lassen.

Damit ist Bernhard Rothmann innerhalb eines dreiviertel Jahres einen weiten Weg gegangen: von der Hinnahme der Kindertaufe – um des städtischen Friedens willen – über deren radikal-reformatorische Kritik und über den bewussten Tauf-Aufschub, jetzt der Übergang zur aktiven

Wieder-Taufe der Auserwählten. Parallel dazu hat sich seine Stellung in der Stadt verändert: vom gefeierten Reformator Münsters über seine Unterdrückung hin zum geistlichen Führer einer abgesonderten Gemeinde.

Diese seine Gemeinde aber bildet innerhalb der Stadt ein immer gewichtigeres Kraftzentrum. Schon eine Woche später, am 13. Januar 1534, sind 1.400 Einwohner Münsters getauft, immerhin etwa ein Viertel der damaligen Bevölkerung. Das verändert nicht nur die innerstädtische Machtbalance, sondern lässt Münster auch nach außen in einem neuen Licht erscheinen.

Das Neue Jerusalem des Melchior Hoffmann, die Reichsstadt Straßburg, hat das Jahresende unbeschadet überstanden. In den Augen aller, die die Endzeit als gekommen ansehen, wird die Stadt Münster zum neuen Hoffnungsträger. Vor allem auf das nähere Umland, auf Städte wie Coesfeld und Warendorf, wo sich bereits recht erfolgreiche täuferische Gemeinden gebildet haben, übt Münster jetzt eine magische Faszination aus.

Sogar reichsweit sprechen sich die münsterschen Entwicklungen wie ein Lauffeuer herum. Und zwar nicht nur in Kreisen der Fürsten und anderer Täufergegner. Bereits Ende November hatte ein Anhänger Hoffmanns, als er gegen dessen Behandlung durch den Straßburger Rat protestierte, auf das Beispiel der Stadt Münster verwiesen: »Auch wird in der Stadt Münster in Westfalen auf freiem Platz das, was hier verdammt wird, von den Gelehrten als Wahrheit gepredigt und als öffentliches Bekenntnis geschrieben.«

Kein Wunder also, dass Mathys und seine Anhänger nach dem überwältigenden Erfolg ihrer Sendboten alsbald zwei neue Apostel nach Münster schicken. Sie treffen am 13. Januar 1534 dort ein. Ihre Namen: Gerrit tom Cloister und Johann Bockelson. Der eine von ihnen, Bockelson, aus Leiden stammend, war bereits im Sommer kurz in Münster gewesen und hatte Rothmanns Predigten gehört. Als Jan van Leiden wird er zu einer bestimmenden Figur des münsterschen Täuferreichs werden und als »König der Wiedertäufer« in die Geschichte eingehen. Die beiden werden im

Hause eines der wichtigsten Mitglieder der Täufergemeinde aufgenommen: bei Bernd Knipperdolling.

Johann Bockelson, genannt Jan van Leiden.
Stich von Heinrich Aldegrever 1536.

Sie finden eine Gemeinde vor, die ihrer näheren Unterweisung kaum mehr bedarf. Rothmann hat in seiner »Bekenntnis«-Schrift vom letzten Oktober alle Grundzüge des Gemeindelebens bereits vorgezeichnet. Da sich die Lutheraner in seinen Augen als »Gottlose« kaum mehr von den Papisten unterscheiden, taugen sie auch nicht mehr als Vorbild, und Rothmann beginnt, sich noch stärker an den Aussagen der Schrift, insbesondere am Beispiel der frühen Christen, zu orientieren. In den Berichten der Apostelgeschichte findet er die Belege für das wahre christlich-brüderliche Leben: man müsse enthaltsam leben, sich der erworbenen Güter gemeinschaftlich bedienen, sich wechselseitig Dienste leisten, vertraulich miteinander umgehen, sich herzlich lieben, sich nicht über den andern erheben, indem keiner größer wie der andere sei und einer wie der andere zur ewigen Seligkeit gerufen werde.

So ist es in den vergangenen Wochen dazu gekommen, dass reiche Täufer ihr Geld der Gemeinde zur Verfügung stellten, um bedürftige Gemeindeglieder zu unterstützen. Die Brandsteinin, schwerreiche Schwiegermutter Knipperdollings, hat gar sämtliche Rentenbriefe ihren Schuldnern zurückgegeben und die angefallenen Zinsen zurückgezahlt. Andere sollen ihrem Beispiel gefolgt sein.

In diesen Ansätzen zu einer brüderlichen und schwesterlichen Gütergemeinschaft haben wir übrigens eine Eigenart des münsterschen Täufertums vor uns: ihr geistiger Urheber ist Rothmann, unter den melchioritischen Täufer der Niederlande sind solche Vorstellungen bislang nicht verbreitet.

In anderer Hinsicht freilich haben die Prophezeiungen des Jan Mathys durchaus ihre Auswirkungen auf das friedliche Leben der münsterschen Täufergemeinde. Ihre Absonderung verstärkt sich noch mehr – angesichts des nahen Weltendes gibt es keine Kompromisse, sie kennen nur noch Gerechte und Gottlose. Sie gehen nicht mehr in die Kirchen, versammeln sich in Privathäusern, viele Taufen finden in der Wohnung Rothmanns und im Hause Knipperdollings statt. Unter den Kleidern tragen sie verdeckte Erkennungszeichen, Münzen mit der aufgeprägten Abkürzung »d.w.w.f.« – das Wort wird Fleisch.

Um diese Zeit entstehen von unbekannter Hand die »Münsteraner Artikel«. Sie regeln das Gemeindeleben. Abgebrochen werden soll möglichst jeder Verkehr mit den Gottlosen – und seien es die eigenen Eltern, die »Heiden«, Papisten wie Lutheraner, die nur »fressen, saufen, huren und Gottes Wort widerstreben«, werden nicht mehr gegrüßt und geehrt, mit ihnen wird kein Handel mehr getrieben, Zins und Wucher sind ohnehin verboten.

Nicht einmal mehr predigen sollen die Auserwählten vor den Heiden, bevor die Zeit gekommen ist. Daran hält sich sogar Bernhard Rothmann. Als er am 25. Januar feststellt, dass sich unter seinen Zuhörern auch Katholiken und Lutheraner befinden, stellt er das Predigen ein: er werde fürderhin »keine Perlen vor die Säue« mehr werfen…

So bereiten sich Münsters Täufer in Abgeschiedenheit auf den Jüngsten Tag vor. Doch selbst ihre Absage an alle weltlichen Ämter bewahrt sie nicht davor, jetzt wieder in den Mittelpunkt des politischen Kampfes zu rücken.

## Bischof Franz verstärkt den Druck

Dem Landesherrn, Fürstbischof von Waldeck, sind seit seinem letzten Vorstoß in gewisser Weise die Hände gebunden: Ein innerstädtischer Kompromiss war gefunden worden, und zwar unter Führung des lutherischen Rates. Das sicherte der Stadt immer noch gewisse Sympathien des mächtigen Landgrafen von Hessen. Nun aber gibt es zwei gravierende Veränderungen: Das Luthertum in Gestalt des Rates und des landgräflichen Predigers Fabricius hat schwer an Ansehen und Autorität eingebüßt. Wenig später sind die Rothmannisten zur aktiven Erwachsenentaufe, zur regelrechten Wiedertaufe also, übergegangen. Beides muss die Interessen des Landgrafen erheblich berühren – und unmöglich kann er für eine wiedertäuferische Stadt Partei ergreifen.

Die Zeit ist reif, so scheint es Franz von Waldeck, bei seinem hessischen Kollegen auf den Busch zu klopfen. Er schreibt ihm am 20. Januar von Fürst zu Fürst: Die »verdammte Sekte« der Wiedertaufe sei in der Stadt »sehr merklich eingerissen« und verbreite sich täglich mehr auf »betrügerischen Wegen bei den Armen, als daß in solchem angenommenen neuen christlichen Leben keine Armut, sondern alle Güter wie zu Zeiten der Apostel gemein unter den Nachbarn«. Sie sagten sich auch los von »aller Obrigkeit außer allein Christus, dem sie jetzt durch die Wiedertaufe verpflichtet sind«. Waldeck prophezeit, aus einem Überhandgewinnen der Täufer würde nicht nur in Münster »allgemeiner Aufruhr und Blutvergießen« entstehen, sondern dann würde diese verdammte Lehre »bei dem gemeinen Mann« auch in den »Nachbarländern einen sicheren Fortschritt machen«. Im Klartext: Lieber Kollege, wenn Du mir jetzt nicht hilfst gegen den Aufruhr der Armen und des gemeinen Mannes, hast Du den Ärger bald selbst am Hals. Wir werden sehen, dass Philipp von Hessen sich diesen zwingenden Argumenten nicht verschließt.

Drei Tage später, am 23. Januar, schlägt Franz von Waldeck auch gegenüber der Stadt einen schärferen Ton an. Er gibt ein Edikt heraus, in dem er keinerlei goldenen Brücken mehr baut: Barsch fordert er den Rat und alle Untertanen auf, die »Unruhestifter und Aufrührer« zu ergreifen und ihm zu übergeben. Damit sind erstlich die Prediger – aufgezählt werden Rothmann und die Wassenberger – gemeint, darüberhinaus aber auch alle, die sie »verteidigen, schützen, aufnehmen, öffentlich oder heimlich dulden« oder ihre Festnahme verhindern.

## Bürger greifen zur Selbsthilfe

Diese Drohung gilt nicht mehr allein den Täufern, sondern schon der ganzen Stadt. Vor allem der Rat ist in einem schier ausweglosen Dilemma: Den Bischof auf die »Aufrührer« zugreifen zu lassen, bedeutet, einen großen Teil der Stadtbevölkerung und darüberhinaus die Errungenschaften von Reformation und Unabhängigkeit preiszugeben. Andererseits: Sich dem Bischof zu widersetzen, bedeutet nach dem Wortlaut des Edikts, sich selbst der Verfolgung des Bischofs, ja des ganzen Reiches auszusetzen. Der Rat tut also: nichts.

Er überlässt die Selbstbehauptung der Stadt jenem Gremium, das in den letzten Monaten wieder stärker in den Vordergrund der Stadtpolitik gerückt ist, weil es die Interessen der Gemeinheit zu vertreten hat: der Gesamtgilde. Insbesondere der eine ihrer Alderleute, Hinrich Redeker, hat sich schon im November zum entschiedenen Fürsprecher Rothmanns gemacht, zugleich gilt er als erbitterter Feind des Bischofs. Beim Überfall auf die Bischöflichen in Telgte hatte er die Kasse eines hohen Würdenträgers beschlagnahmt, wurde deshalb vom Bischof mit besonderem Hass verfolgt, von den Gildemeistern aber – gerade deshalb? – nachdrücklich im Amt bestätigt.

Redeker vor allem ist es, der nun die Verteidigung der Stadt organisiert. Der Bischof hat die münsterländische Ritterschaft mobilgemacht und für Anfang Februar zum Landtag nach Wolbeck einberufen. Eine wirkungsvolle Drohgebärde: Wolbeck, eine der Residenzen des Fürstbischofs, liegt knapp acht Kilometer vor den Stadttoren Münsters. Die unmittelbare Nähe des Feindes versetzt die Münsteraner in höchste Besorgnis und bringt wilde Gerüchte in Umlauf.

Am Abend des 29. Januar versammeln sich bewaffnete Gildebürger vor dem Rathaus, weil es heißt, der Bischof wolle in dieser Nacht zusammen mit den Rittern die Stadt überrumpeln. Die Bürgermeister Tilbeck und Jodefeld befragen Redeker, was dieser Auflauf bedeuten solle. Der erzählt von dem Gerücht und bedeutet den beiden, sie sollten nach Hause gehen, ihnen werde kein Leid geschehen: Er selbst nehme mit den Bürgern die Bewachung der Stadt in die Hand. So geschieht es. Zwar stellt sich das Gerücht als unzutreffend heraus. Doch in der durchwachten Nacht haben sich die Emotionen weiter gesteigert.

Am nächsten Morgen strömen die Bürger wieder zum Rathaus und klagen die Domherren und Erbmänner an, ein Komplott gegen die Stadt geplant zu haben: Dem Bischof hätten sie mit einer Kriegslist die Tore öffnen wollen. Ob dem so war oder nicht – jedenfalls folgen wütende Verhandlungen zwischen Rat und Gildenführung.

An deren Ende steht – zwecks Entspannung der Lage – ein förmliches Toleranzabkommen, das die realen Verhältnisse in der Stadt schriftlich anerkennt: Um den Frieden in der Stadt zu erhalten und das gegenseitige Misstrauen zu beseitigen, wird zugesichert, »einen jeden bei seinem Glauben zu lassen«. Einen jeden – also auch die Täufer. Seit dem 30. Januar 1534 gibt es damit – erst- und einmalig im Reich – eine Stadt, die offiziell eine Täufergemeinde in ihren Mauern duldet. Falls es Franz von Waldeck zu diesem Zeitpunkt nicht mehr um die Täufer, sondern schon um das ganze Münster ging, so hat er die Stadt jetzt da, wo er sie haben will.

## Eine wunderbare Errettung

Die Gefahr, dass der Bischof mit der »Wiedertäuferei« auch gleich alle Reformations- und Unabhängigkeitsbestrebungen in Stadt und Umland zunichte macht, sehen die Lutheraner Münsters sehr wohl. Doch sie resignieren. Syndikus von der Wieck verlässt Anfang Februar heimlich die Stadt. Und der hessische Prediger Fabricius bittet seinen Landgrafen um Abberufung. Die Vertreter der Stadt werden zu dem am 2. Februar beginnenden Landtag in Wolbeck schon gar nicht mehr zugelassen. Dort wird tatsächlich die Vorbereitung militärischer Maßnahmen beschlossen.

Auf Münsters Täufer hat die offizielle Bestätigung ihrer Glaubensfreiheit natürlich befreiende Wirkung. Sie selbst nehmen dieses Ereignis ausschließlich aus religiöser Sicht wahr. Die Einmaligkeit des Vorgangs wird dem unmittelbaren Wirken Gottes zugeschrieben. Ihre religiöse Erregung steigert sich. Es sind nur noch zwei Monate bis zum Tag des Jüngsten Gerichts. Am 6. Februar beginnen einige Frauen damit, zu weissagen und auf offener Straße die Bürger zu Buße und Umkehr aufzurufen. Führende Gemeindemitglieder, insbesondere Bernd Knipperdolling und Johann Bockelson, tun es ihnen nach. Offenbar ist jetzt die Zeit gekommen, die Ungläubigen zu bekehren. Die Bußrufe, die dramatischen Appelle an alle Bürger, umzukehren und sich zu den Gerechten zu bekennen, laden die Stimmung in der Stadt weiter auf.

Auch die Täufer in der näheren und weiteren Umgebung sehen die münstersche Anerkennung des Täufertums geradezu als Wunder und als Bestätigung ihrer Erwartung, dass das Reich des Herrn unmittelbar bevorsteht. Ist Münster durch diese Vorgänge nicht eindeutig bezeichnet – als das Neue Jerusalem, in dem die Gerechten die Wiederkunft des Herrn erwarten müssen? Der Prophet Jan Mathys selbst hat sich auf den Weg gemacht.

Er ist gerade in Deventer eingetroffen, als ihn alarmierende Nachrichten erreichen. In Münster gibt es neuen Aufruhr. Ausgelöst durch das – wiederum falsche – Gerücht eines Reisenden aus Dortmund, der meldet, der Bischof marschiere mit 3000 Söldnern auf die Stadt, laufen am 9. Februar wiederum die bewaffneten Bürger zusammen. Redeker erwirkt vom Rat die Schließung der Stadttore. Vor dem Rathaus sammelt sich eine immer größere Menge erregter Bewaffneter, die auf weitere Entscheidungen des Rates angesichts dieser ungeheuren Bedrohung wartet.

In dieser Situation beginnt Bernd Knipperdolling wieder damit, zu Buße und Umkehr aufzurufen. Die große Gefahr für die Stadt kann nur dadurch überwunden werden, dass alle Ungläubigen, voran der Rat, sich zum rechten Glauben bekennen – dann wird die Stadt unter Gottes Schutz stehen und das feindliche Heer ohne Kampf zusammenbrechen. Knipperdollings Anhänger stimmen in die Rufe ein, viele Bürger fallen zu lautem Gebet in die Knie.

Diesem Höllenlärm entzieht sich der Rat nach Überwasser. Die vor dem Rathaus Zurückbleibenden befürchten plötzlich, dass der Rat etwas ihnen Feindliches plane. Als dann nicht nur Ratsanhänger, sondern auch die Katholiken den Ratsherren nach Überwasser folgen, verdichtet sich bei den Bürgern – Täufern und Nichttäufern – der Verdacht, hier sei ein Komplott mit dem Bischof im Gange. Rasch werden auf dem Markt Barrikaden errichtet. Plötzlich stehen sich innerhalb der Stadt zwei bewaffnete Lager gegenüber: Lutheraner und Katholiken in Überwasser, die Täufer und ihre Sympathisanten auf dem Markt.

Zwischen beiden Parteien verläuft die Aa, die Brücken sind abgebrochen. Ein Patt? Nicht ganz: Rat und Katholiken können jeweils auf Unterstützung von außen bauen. Die Täuferpartei ist allein auf sich gestellt.

Ratsherr Langermann schickt um Hilfe nach dem Drosten zu Wolbeck. Der setzt sich mit einem Aufgebot bewaffneter Bauern in Bewegung. Einige der Katholiken gar schreiben heimlich dem Bischof und bitten um sein Eingreifen.

Die Täufer dagegen kann eigentlich nur noch ein Wunder retten. Sie sehen ihr letztes Stündlein gekommen. Einige versuchen es unbewaffnet mit Bekehrungsversuchen – sie werden sofort gefangengenommen, unter ihnen Bernd Knipperdolling. Die große Masse der täuferisch Gesinnten freilich hofft tatsächlich auf ein Wunder. Sie beten inständig zu Gott: »Die Wiedertäufer riefen, sangen und sprangen auf und nieder. Ein Teil lag im Dreck und hat den Straßendreck gefressen und so den Vater angerufen.« Dieser verächtliche Bericht eines Täufergegners zeigt eins: Die religiöse Erregung der Täufer steigert sich unter Todesangst zur Ekstase. Sie flehen ein Zeichen des Himmels herbei, ein ekstatisches Ringen, das die ganze Nacht und bis zum nächsten Mittag andauert.

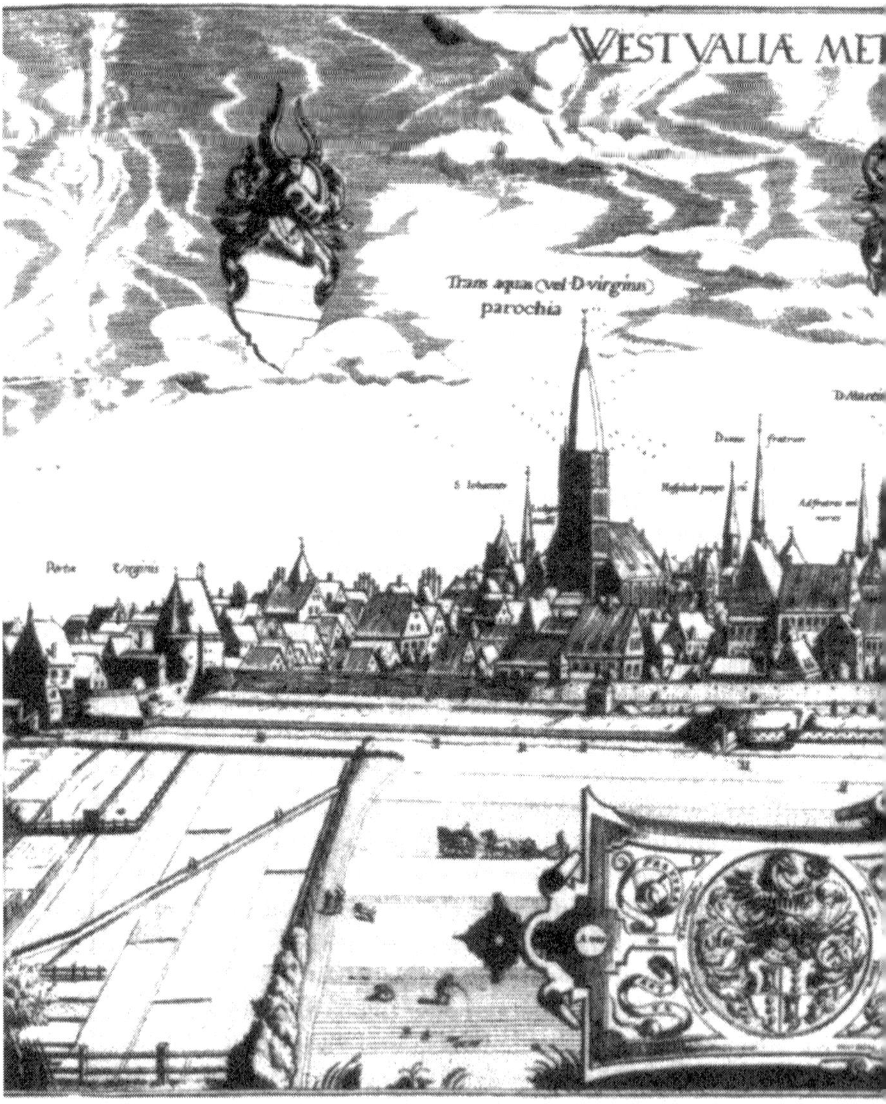


Die Stadt Münster. Ansicht von Südwesten. Stich von 1570.

OLIS MONASTERIV
S Iacobi Parochia
S Ægidy Parochia

Endlich haben die ersten, wiederum Frauen, Gesichte und Visionen: Sie sehen Feuer am Himmel, »ein greuliches Feuer von blauer und schwarzer Farbe«, durch das die Sonne gleißend hell scheint. Die Visionen pflanzen sich fort: Andere erkennen einen Reiter auf weißem Pferd.

Während die Täufer um die Zeichen des Himmels ringen, haben einige von ihnen mit der Ratspartei verhandelt: Sie selbst wollten nur Frieden, wenn aber der Bischof komme, werde die ganze Stadt Schaden leiden. Was sich daraufhin ereignet, ist zwar weitaus weniger entrückt als das, was die Täufer an Himmelserscheinungen erleben, es scheint aber kaum weniger von einem Wunder entfernt: Die Konfrontation löst sich auf. Erst Bürgermeister Tilbeck, dann sein Amtskollege Jodefeld lassen sich von den Argumenten der Täufer umstimmen. Das Toleranzabkommen vom 30. Januar wird bekräftigt.

Am Ende war es wohl der Bischof selbst, der dieses Wunder bewirkt hat: Mit seiner Ankündigung nämlich, in Begleitung von Reiterei auf dem Weg in die Stadt zu sein. Da mag in den Köpfen auch der lutherischen Bürger das alte Misstrauen gegenüber dem Landesfürsten gesiegt haben.

Kurzerhand erklärt der Rat dem verblüfften Drosten von Wolbeck, die Eintracht sei wiederhergestellt, man brauche ihn und seine Bauern nicht mehr. Und tatsächlich – der bewaffnete Haufen zieht ab: »Die Bauern aber wußten nichts vom künftigen Unglück, taten sich an dem Bier gütlich, das der Rat spendete und zogen fröhlich wie nach einem langen Feldzug wieder heim zu ihren Frauen, die sie traurig zurückgelassen hatten.« Hinter ihnen werden die Tore geschlossen, die Schlüssel bei dem vertrauenswürdigen Ratsherrn Gerd Kibbenbrock hinterlegt. Die Stadt ist wieder sicher.

Unweit der Stadtmauern trifft der anrückende Franz von Waldeck auf die abziehenden Bauern. Als er erfährt, was geschehen ist, erleidet der Kirchenmann einen verständlichen Wutanfall: »Dann soll sie doch alle der Teufel holen!« Spricht's, wendet »fluchend sein Pferd« und reitet zurück.

Am Ende dieses 10. Februar 1534 ist zweierlei festzuhalten: Aus der Sicht der unabhängig gesinnten Bürger hat sich die Vernunft und die Freiheit der Stadt durchgesetzt. Die Einigkeit der Bürgerschaft ist unter großem Druck von außen wiederhergestellt. Es bleiben freilich große Zukunftssorgen: Der Bischof wird wiederkommen.

Ganz anders haben die allermeisten Täufer dieses Ereignis erlebt: Die wunderbare Wendung der Dinge in letzter Sekunde war nichts anderes als ein Ergebnis des direkten Eingreifen des Himmels. Sogar Rothmann ist bis zuletzt fest davon überzeugt, dass es die schrecklichen Himmelserscheinungen waren, die die Bauernstreitmacht zum Rückzug gezwungen haben. Die Erhörung ihrer Gebete lässt ihr Selbstbewusstsein fast unbegrenzt wachsen. Sie spüren die göttliche Macht auf ihrer Seite: Der Bischof kann wiederkommen.

# REINIGUNG

Seit dem 11. Februar 1534 schweben Münsters Bürger zwischen Hoffen und Bangen. Der Bischof kehrt wieder, das ist gewiss. Doch was sollen die Münsteraner tun? Die Antwort auf diese Frage spaltet die Bürgerschaft erneut. Mit einem großen Unterschied zum vorherigen Zeitraum freilich: Nicht länger stehen sich jetzt feindliche Gruppen innerhalb der Stadtmauern gegenüber. Jetzt wird die Stadtmauer selbst zur Grenze zwischen den Münsteranern. Immer mehr derjenigen, die eine Belagerung des Bischofs fürchten und die Lage Münsters als aussichtslos einschätzen, machen sich in den folgenden Tagen und Wochen aus der Stadt. Ab dem 12. Februar setzt eine Fluchtwelle ein.

## Die Täufer werden zur stärksten Kraft

Der weitaus größere Teil, der in der Stadt ausharren will, schließt sich um die Täufergemeinde zusammen. Viele – nach einem Bericht des Stadtrichters Schenkinck an den Bischof »der größte Teil der Bürger um die Wette« – lassen sich nun selber taufen. Es sind ja die Täufer, die als einzige eine – für die damaligen Menschen – plausible Hoffnung anbieten können: Gegen den sich rüstenden Fürstbischof, gegen die Kräfte des Reichs, das Täufern und allen »Aufrührern« den Tod androht, kann der Stadt nur ein Wunder helfen. Diese wunderbare Errettung steht bevor – es sind nur noch sieben Wochen bis Ostern, dem prophezeiten Weltende. Und war nicht der jüngste Wink des Himmels, die Rettung der Stadt am 10. Februar, deutlich genug?

Gut lässt sich das Auseinanderdriften der Bevölkerung an den beiden noch amtierenden Bürgermeistern verfolgen. Beide sind lutherisch, beide haben in ihrem vergangenen Amtsjahr alles versucht, die Ausbreitung der »Wiedertäuferei« und die Isolation der Stadt zu verhindern. Jetzt aber trennen sich ihre Wege. Hermann Tilbeck, der Erbmann, lässt sich am 12. Februar mit seinem ganzen Haushalt taufen. Kaspar Jodefeld aber, dem der Bischof die Ochsen beschlagnahmt hatte und der immerhin ein Halbbruder des Bernd Knipperdolling ist – er verlässt die Stadt. Ihm folgen viele Bürger, darunter auch einige der bisherigen Ratsherren. Die meisten der Flüchtenden dürften Anhänger des Bischofs sein, die bei einem Angriff ihres Herrn nicht auf der falschen Seite der Mauer stehen möchten. Viele der lutherischen Bürger dagegen sehen sich vor einer Wahl zwischen Pest und Cholera. Denn inzwischen hat sie die Kunde vom Schicksal mancher ihrer Glaubensbrüder erreicht: Nach Verlassen der Stadt waren sie den Häschern des Bischofs in die Finger gefallen. Kaspar Schroderken etwa, der ehemalige Ratsherr.

Vor allem aber Johann von der Wieck, der angesehene Erbmann und Syndikus der Stadt. Er hat Münster heimlich Anfang Februar verlassen. Seine Ratspolitik, die Stadt an den Schmalkaldischen Bund anzuschließen, war spätestens am 30. Januar gescheitert, an jenem Tag, als der Rat in seiner Toleranzerklärung die Täufer als gleichberechtigte Gruppe in der Stadt anerkannte. Auch Wieck ist außerhalb der Stadt dem Bischof in die Hände gefallen. Statt Wieck nun als Bündnispartner einzubeziehen – denn wer hat energischer als er die Täufer innerhalb der Stadt bekämpft? – schlägt Waldeck seinen Kontrahenten des letzten Jahres in Eisen. Die protestantischen Fürsten, vor allem der Kurfürst von Sachsen, sind empört, die münsterschen Lutheraner entsetzt: Noch am 20. Februar ergeht eine Bitte des Rates an Franz von Waldeck, Wieck freizulassen. Doch ungerührt lässt der Bischof den Syndikus – wie die anderen lutherischen Verhafteten – gegen Ende Februar köpfen. Ohne förmliches Urteil. Die noch in der Stadt weilenden Lutheraner wissen also, was ihnen blüht. Vielen erscheint der Schutz der Stadtmauer daher attraktiver als die Vogelfreiheit im Bischofsstift. So treibt der Fürstbischof selbst viele Bürger an die Seite der Täufer.

Deren Gemeinde erhält aber nicht bloß Zulauf aus den Reihen der Stadteinwohner. Taufgesinnte aus dem ganzen Münsterland ziehen jetzt nach Münster. Das liegt an der blutigen Verfolgung von seiten des Bischofs: Er verhaftet und tötet alle Täufer, derer er habhaft wird. Viele Bauern sind darunter. In Wolbeck und Bevergern lässt der Bischof jeweils sechs der Wiedertäuferei Verdächtige ertränken oder verbrennen. In der Stadt Coesfeld leitet der letzte noch nicht nach Münster gewanderte Wassenberger Prädikant, Heinrich Slachtschaf, eine blühende Täufergemeinde – mit 116 Mitgliedern die größte außerhalb Münsters. Die Coesfelder Täufer werden von der Stadt toleriert, was ihr feindselige Maßnahmen des Bischofs einträgt: Reisende Bürger lässt er verhaften, Güter beschlagnahmen. Erst als die Coesfelder einlenken und die Täuferei auch in ihren Mauern unterdrücken, werden sie am 26. Februar von Bischof Franz begnadigt. Ähnliches gilt für die Stadt Warendorf. Von dort flüchtet der Pfarrer Regewart mit seinen Anhängern nach Münster, ebenso wie die Coesfelder unter Slachtschaf. Aus Schöppingen kommt der Gerichtsherr Heinrich Krechting, dessen Bruder Bernd, ein Pfarrer aus dem Münsterland, sich bereits in der Stadt aufhält. Sogar einige Adlige stoßen zur Gemeinde.

Aber Münsters Täufer warten nicht bloß darauf, dass ihre Brüder und Schwestern aus eigenem Antrieb zu ihnen kommen. Sendboten werden ausgeschickt. Einer von ihnen, Jakob von Osnabrück, bereist den alten Wirkungskreis der Wassenberger Prädikanten am Niederrhein.

Seine Botschaft – wie die aller anderen Emissäre – ist eine Mischung aus Zuckerbrot und Peitsche: Ein fürchterliches Strafgericht Gottes wird an Ostern alle Ungläubigen vernichten, Rettung verspricht einzig das »Neue Jerusalem«, die Stadt Münster, die auf wunderbare Weise vor dem Zugriff des Bischofs bewahrt wurde und in der alles vorbereitet ist, um die Gläubigen als Brüder und Schwestern aufzunehmen. Diese Botschaft löst ein begeistertes Echo aus und pflanzt sich rasch in die niederländischen Nachbar-Provinzen fort, wo Taufgesinnte unter blutigster Verfolgung der

Habsburger zu leiden haben. In Maastricht etwa wird der Wassenberger Heinrich Roll verbrannt, der Münster aus ungeklärter Ursache verlassen hat. Vermehrt treffen nun auch holländische und friesische Täufer in Münster ein.

Diese Zuwanderung nach Münster ist jetzt und auch längere Zeit noch möglich. Zwar ist Franz von Waldeck zielstrebig mit Kriegsvorbereitung beschäftigt: Er schreibt – im Tenor ähnlich wie vor Wochen an den Landgrafen von Hessen – an die benachbarten katholischen Reichsfürsten, den Herzog von Kleve und den Erzbischof von Köln. Doch gerade letzterer – wir kennen ihn bereits: Hermann von Wied, Waldecks Amts-Vorvorgänger also – verspürt noch wenig Lust, in seinem ehemaligen Stift nach dem Rechten zu sehen.
Waldeck selbst ruft am 17. Februar die Ritterschaft auf: Sie solle sich am 23. Februar »aufs stärkste zum Ernst gerüstet« in Telgte zum Landtag einfinden. Am folgenden Tag, dem 18. Februar, stellt der Bischof Hauptleute ein, die die Anwerbung von Söldnern in die Hand nehmen sollen. Zum obersten Hauptmann ernennt er Wilken Steding. Auch sind überall im Stift die Beamten und Häscher des Bischofs unterwegs. Doch insgesamt kann von einem geschlossenen Belagerungsring um Münster noch keine Rede sein.

Die Stadt Münster selbst bietet in diesen Tagen und Wochen der Aus- und Zuwanderung ein verwirrendes Bild. Die alte Ratsgewalt existiert fast nicht mehr. Die Straßen sind voll von quartiersuchenden Zugereisten.

Selbst solche Hochburgen der alten Ordnung wie die Klöster sind in voller Auflösung begriffen: So werfen – nach der Erzählung eines katholischen Chronisten – »einige adlige Jungfrauen, Nonnen der Klöster Ägidii und Überwasser, des philosophischen und klösterlichen Lebens überdrüssig, ihren Habit und ihr Gelübde ab. Ihre Eltern aber kamen, wie es Adlige gewöhnt sind, in Federwagen hierher und bemühten sich, sie mit Schmeichelworten zu sich zurückzurufen und von diesem gottlosen Leben zu entführen.« Die besorgten Eltern bekommen zur Antwort: »Geht nur nach Hause und macht Euch um uns keine Sorgen. Ihr seid nicht unsere Eltern, weil Ihr uns ohne Rücksicht auf die elterlichen Pflichten in diesen Ort des Todes gesteckt habt.« Sie hätten sich nun selber »ein ehrbares, uns und Gott gefälliges Leben erwählt.«

Wiederum andere Gruppen kümmern sich – wohl auf Anweisung der verbliebenen Ratsherren – bereits um erste militärische Abwehrmaßnahmen. So werden im Garten des Niesing-Klosters, das direkt an der Stadtmauer liegt, Zäune und ein Gerätehaus abgerissen, um den Verteidigern freies Schussfeld zu verschaffen.

In dieser verworrenen Lage beginnt am 23. Februar die fällige Ratswahl. Angesichts der Handlungsunfähigkeit des alten Rats muss ihre Durchführung von der Gesamtgilde organisiert werden. Fürstbischof Franz von Waldeck hat für diesen Tag, sich der Bedeutung des Datums sehr wohl bewusst, mit seinen Bewaffneten Hauptquartier in Telgte bezogen, wenige Kilometer vor der Stadt, und die Zufahrtstraßen gesperrt. So hofft er Druck auf die Entscheidung der Bürger ausüben zu können.

Doch trotz der widrigen Umstände, trotz des Drucks und obwohl die vielen Zugewanderten noch nicht stimmberechtigt sind, bringt das Ergebnis der Ratswahl die Verschiebungen der letzten zwei Wochen eindeutig auf den Punkt. Aldermann Redeker hat vorab alle ermahnt, der letzte Rat sei nach Ansehung des »Fleisches« gewählt worden, nun gelte es, auf den Geist zu sehen. Schon die Wahl der Kurgenossen signalisiert den eindeutigen Trend: Alle zehn werden der Täuferpartei zugerechnet. Die Kurgenossen bestätigen dann sechs alte und bestimmen 18 neue Ratsherren – alle gelten als ausgewiesene Gegner des Bischofs und mindestens als Sympathisanten der Täufer. In diesem Ergebnis drückt sich mit einer Klarheit, die alle überrascht, der Wille der verbliebenen Bürger aus, geschart um die Gemeinde der Täufer dem Bischof zu trotzen.

Wiederum – wie vor Jahresfrist – bringt diese Ratswahl eine Umwälzung der personellen Zusammensetzung. Und doch ist es wiederum keine soziale Revolution, allenfalls eine weitere Verschiebung innerhalb der münsterschen Oberschicht: Die im letzten Rat noch mit sechs Sitzen vertretenen Alt-Honoratioren fehlen nun ganz, dreiundzwanzig Ratsherren gehören den Gildebürgern an, die weitaus meisten davon der Schicht der Gildeführung, also den Neu-Honoratioren, nur wenige sind einfache gemeine Bürger. Nach Vermögensunterschieden ist der neue Rat ganz ähnlich zusammengesetzt wie seine Vorgänger. Auch ein Erbmann sitzt nach wie vor im Rat, jedoch nicht Tilbeck – er wurde nicht wiedergewählt, sondern Christian Kerckerinck. Ein interessanter Mann: Als »Standesverräter« unter seinesgleichen besonders verhasst, hat er zugleich eine pikante verwandtschaftliche Beziehung zum Gegner der Stadt – er ist sozusagen der »Schwiegervater« des Bischofs. Einer Liaison Waldecks mit einer Kerckerinck-Tochter entstammt der illegitime Bischofssohn Christoph Waldeck.

Am folgenden Tag, dem 24. Februar, bestimmt der Rat die Bürgermeister: Es sind Gerd Kippenbrock und Bernd Knipperdolling, beide aus der einflussreichen Wandschneidergilde. Sie personifizieren zugleich die neue Eintracht der münsterschen Bürgerschaft: Kippenbrock, das Mitglied des vorherigen, lutherischen Rats, und Knipperdolling, ältester Feind des Bischofs und Vorreiter der münsterschen Täuferbewegung.

Nun muss dem Letzten der Münsteraner klar werden, wie sehr sich die Lage verändert hat. Das überwältigende Ergebnis der Ratswahl führt es allen vor Augen: Die Bürger der Stadt stehen wie selten zuvor einmütig zusammen. Und in ihrem Mittelpunkt, im Zentrum jetzt nicht bloß des religiösen, sondern auch des politischen Lebens der Stadt stehen die Täufer.

## Weg mit den alten Götzen!

So ist denn dieser 24. Februar ein Tag, der wie geschaffen ist für den Einzug des Propheten ins Neue Jerusalem. Jan Mathys kommt nach Münster. Ehrfürchtig wird er von Jan Bockelson empfangen und in die Stadt geleitet. In seinem ersten Auftritt erweist Mathys dem neugewählten Rat seine Reverenz: Man solle der heimischen, christlichen Obrigkeit gehorchen. Gegen die Gottlosen aber sei, da jetzt die Zeit des göttlichen Zorns anbreche, Widerstand geboten. Für die münsterschen Täufer, immer schwankend zwischen opferbereiter Gewaltlosigkeit und abwehrbereitem Bürgerstolz, ist dies die ersehnte Klarstellung aus berufenem Munde. Der einmütige politische Wille ist damit religiös bestätigt.

Die Begeisterung der Bürger, der Täufer zumal, und ihre Erleichterung über diese Vereindeutigung der Lage entlädt sich in einem Bildersturm. Nun endlich ist es – endgültig, wie es ihnen scheint – vorbei mit der verhassten Protzerei des Klerus, mit Unglaube und Götzendienst. Die Kultgegenstände, Bilder und Statuen vor allem des Doms, aber auch der Klöster sind in ihren Augen beides: Symbole einer vergangenen, endlich abgeworfenen Herrschaft und Zeichen eines teuflischen, verdorbenen Aberglaubens. Doch der »heilige Zorn« der Münsteraner weiß sich durchaus mit kühlem Kopf zu verbinden – dieser Bildersturm ist nicht das blinde Rasen einer entfesselten Pöbels, wie spätere Chronisten das Ereignis darzustellen suchen. Bilderstürme haben seit je und überall im Reich die Geschichte der Reformation begleitet. Sie speisten sich vor allem aus dem Abscheu gegenüber der als heidnische Abgötterei verurteilten altgläubigen Bilderverehrung. Münster hatte in der Frühgeschichte seiner Reformation bereits einen Bildersturm erlebt. Und auch jetzt ziehen Madonnen- und Heiligenbilder, Taufsteine und Reliquienbehälter die Wut auf sich.

Beim Bildersturm des 24. Februar spielt aber darüberhinaus die Erbitterung über den aktuellen Feind, den Bischof und seine Partei, eine wichtige

Rolle. An den Zerstörungsspuren lässt sich oft bis ins einzelne nachweisen, wie die Bilderstürmer nicht in »sinnloser Wut«, sondern sehr gezielt versuchen, den in den Bildnissen ausgedrückten Herrschaftsanspruch der alten Kirche zu treffen. Besonders die Abbilder und Grabdenkmäler der Bischöfe oder der Kapitelsaal mit den Stühlen der Domherren wird angegriffen.

Die Klöster, seit je den Bürgern ein besonderer Dorn im Auge, werden heimgesucht, die Gebäude beschlagnahmt: Sie dienen wenig später als Quartiere für die Massen der Neuankömmlinge. Doch nirgendwo kommt es im eigentlichen Sinne zu Plünderungen: Alle Wertgegenstände werden zentral gesammelt und aufbewahrt. Sie werden später dazu dienen, Kriegsknechte zu bezahlen oder täuferische Sendboten finanziell auszustatten.

Diese täuferische Beschlagnahme der Kirchenschätze unterschied sich übrigens nur in einigen Formalitäten von der Methode, mit der ihr Kriegsgegner seine Kasse füllte: Wenige Tage später, zu Anfang März, kassierte Waldeck sämtliche Kirchen-Kleinodien seiner Diözese – und die Gemeinden durften sie zu einem Schätzpreis von ihrem eigenen Bischof zurückkaufen…

## Die ganze Stadt wird Gemeinde

Der Bildersturm des 24. Februar zeigt jedoch im Keim schon jene eigentümliche Verschränkung von religiöser Begeisterung und politischer Zielstrebigkeit, die ab jetzt für Münster zum herrschenden Thema wird. Denn einerseits: Es sind keine sechs Wochen mehr auszuharren bis zur Erlösung durch die Wiederkunft des Herrn. Aber: Sechs Wochen können lang werden, wenn die Gottlosen bis an die Zähne bewaffnet das Neue Jerusalem belagern, um es zu verderben.

Zumindest für diesen Zeitraum stehen die Täufer vor einem schwierigen Problem: Sie sind nicht länger eine abgesonderte Gemeinde, die in Ablehnung weltlicher Ämter und in stiller Erwartung dem Tag des Herrn entgegensieht. Plötzlich ruht die Verantwortung auf ihnen, eine ganze Stadt auf diesen Tag vorzubereiten und gegen alle Anfechtungen der Gottlosen zu sichern. Der Weg, den Bernd Rothmann und seine Anhänger gegangen sind, war ja ein anderer: von der Reformation der ganzen Stadt in die Abgeschiedenheit der Auserwählten. Wie kehrt man um auf diesem Weg?

Auf die Beantwortung dieser Frage ist niemand so recht vorbereitet. Sicher, da sind die waffenfähigen Gildebürger (die »Spießbürger«) mit ihrer Kampferfahrung – sie können einiges beisteuern zur erfolgreichen Abwehr der Gottlosen. Am 25. Februar etwa organisieren sie eine militärische Aktion. Mit 500 Mann überfallen sie das Stift St. Mauritz, zwischen Stadt und dem bischöflichen Hauptquartier gelegen, und zerstören es. Damit ist dem Bischof ein wichtiger befestigter Stützpunkt in der Nähe der Stadtmauer genommen.

Aber das ist ja nicht das eigentliche Problem. Das vielmehr lautet: Wie wird eine heilige Stadt organisiert, vorbereitet auf die Erlösung? Da gibt es – mangels Erfahrungen und mangels Vorbildern – kein geschlossenes Konzept. Einige Grundsätze, die sich in der Gemeinde bewährt haben, können vielleicht auf die Stadt übertragen werden. Auch die heilige Schrift ist erneut zu studieren. Nur: Viele Vorbilder für das Neue Jerusalem sind auch dort nicht zu finden. Es bleibt nur eins: Über alle Fragen und Zweifel siegt das Vertrauen auf das direkte Wirken Gottes. Hat der Herr nicht bisher schon selbst eingegriffen, um die Seinen zu erretten? Hören wir also auf das, was er uns zu offenbaren hat. Hören wir auf seinen Propheten!

Es ist in der historischen Literatur viel darüber gerätselt worden, wie eigentlich der überragende Einfluss zu erklären ist, den Jan Mathys praktisch mit dem Tage seiner Ankunft auf Münster nimmt. Gewöhnlich wird hier ein mächtiges persönliches Charisma vermutet. Gewiss: Mathys, ein schwarzbärtiger Hüne, verstand es auch in Holland schon, seine Anhänger zu fesseln und seine innergemeindlichen Gegenspieler sehr schnell an den Rand zu drängen. Er hat eine Meisterschaft darin entwickelt, seine Zuhörer mit Androhungen von Gottes Strafe in Angst und dann mit lichtvollen Visionen wieder in Begeisterung zu versetzen.

Das allein erklärt nicht, warum Mathys es binnen Tagen schafft, den eigenwilligen Kopf Rothmann, der sich theologisch vor noch niemandem gefürchtet hat, oder stolze Bürger wie Knipperdolling, die einem Fürstbischof zu trotzen bereit sind, zu fast bedingungsloser Gefolgschaft zu bringen. Das eigentliche Geheimnis seines Erfolges besteht darin: Täufergemeinde wie Stadtbürgerschaft Münsters stehen vor Fragen, die ihnen nur durch die Offenbarung von Gottes Wort lösbar erscheinen. Das Urerlebnis der Täufer ist sicherlich die Erhörung ihrer Gebete und ihre wunderbare Errettung am 11. Februar gewesen. Nun sind die Probleme nicht weniger geworden. Münster braucht in diesem Februar 1534 einen Propheten. Und er ist gekommen.

Prophetie, Offenbarung, Weissagung – solch unmittelbare Vergegenwärtigung von »Gottes Wort« wird auch weiterhin in der Geschichte des münsterschen Täuferreiches eine tragende Rolle spielen. Sie wird in gewisser Weise eine Institution im Leben der Stadt werden. Einfach deshalb, weil die Münsteraner vor Fragen stehen, auf die es keine traditionellen Antworten und auch keine Auskünfte der heiligen Schrift mehr gibt. Doch nie wieder wird dieses Bewusstsein von der unmittelbaren Gegenwart Gottes eine solche überzeugende Kraft entfalten wie in diesen Frühjahrstagen des Wartens auf die Erlösung.

## Hinaus mit den Ungläubigen!

Gott aber will die endgültige Reinigung der Stadt, sagt Jan Mathys. Das, was mit dem Bildersturm begonnen hat, muss fortgeführt werden. Denn dem Neuen Jerusalem droht nicht nur Gefahr durch äußere Feinde, sondern auch durch innere Zersetzung und Fäulnis. Deswegen sollen nur noch Gläubige, also Getaufte, in der Stadt bleiben dürfen. Alle Ungetauften, die noch in der Stadt sind, wird Gott sonst streng bestrafen.

Etwas profaner ausgedrückt: Der Bischof rückt mit seinen ersten Rittern auf Haus Nevinghoff ein. Frisch angeworbene Söldner sind im Anmarsch. Es wird also ernst. Jetzt können innerhalb der Stadtmauern keine unsicheren Kantonisten, mögliche Verräter gar, mehr geduldet werden. Es ist Krieg und alle Bürger müssen sich entscheiden. Entweder für die Stadt, das Neue Jerusalem: Das heißt Taufe. Oder gegen die Stadt: Dann müssen sie raus.

Gestützt auf die Aussagen Kerssenbrocks, eines Chronisten der Täuferherrschaft, hat man lange der Version Glauben geschenkt, Mathys habe ursprünglich vorgeschlagen, alle Nichtgetauften der Stadt zu töten. Erst auf Einspruch Knipperdollings sei das dann in eine Vertreibung abgemildert worden. Der angebliche teuflische Plan Mathys‘ soll in einer internen Besprechung der Täufer vorgetragen worden sein, zu der der Chronist keinen Zugang hatte. Außerdem werden Mathys Argumente in den Mund gelegt, die in keiner Weise zu seiner selbstgewählten Rolle passen. Nach neueren Forschungen kann diese Schilderung heute als Legende gelten. Kerssenbrock ist hier, wie in vielem, unglaubwürdig. Zu diesem Zeitpunkt war er ein Knabe im zarten Alter von sieben Jahren. Von adliger Herkunft, wurde er später Rektor der bischöflichen Domschule, war also von Herkunft und von Amts wegen ein erbitterter Feind der Täufer. Seine Chronik entstand im Nachhinein. Zudem hat er die Tendenz, hierin dem auf Versöhnung bedachten Nachkriegs-Kurs Waldecks folgend, die

Münsteraner als brave, aber irregeleitete Bürger darzustellen, den »fremden« Holländern hingegen den Hauptteil der Schuld zuzuschieben und sie, wo es geht, zu dämonisieren. Seine Version ist über die Jahrhunderte hinweg erstaunlich wirksam geblieben.

Am Morgen des 27. Februar laufen Täufer durch die Straßen der Stadt. Es schneit, regnet und stürmt. Die Täufer wecken die Bürger mit den Ruf: »Heraus Ihr Gottlosen, Gott will einmal aufwachen und will Euch strafen!« Die aufgeschreckten Bürger, die noch nicht getauft sind, werden vor die Alternative gestellt: Wenn sie in der Stadt bleiben wollen, müssen sie sich taufen lassen; wenn sie sich nicht taufen lassen, so müssen sie gehen.

Damit wird die Einheit der Bürgerschaft, die sich im Ergebnis der Ratswahl ausgedrückt hatte, bis zur letzten Konsequenz erzwungen. Ein Teil der Ungetauften unterzieht sich einer dreitägigen Massentaufe auf dem Markt. Etwa 300 Männer und 2.000 Frauen sollen es gewesen sein, die sich anschließend auch bei den Bürgermeistern registrieren ließen.

Der andere Teil der Bürger verlässt die Stadt. Im Unterschied zu denen, die früher die Stadt verließen, dürfen sie diesmal keine Habe und keinen Proviant mitnehmen, da sich die Stadt jetzt schon intensiv auf den militärischen Notstand vorbereitet.

Mit Exodus und Massentaufe ist die »Reinigung« der Stadt abgeschlossen: Stadtbürgerschaft und Täufergemeinde sind identisch. Nach sorgfältigen Schätzungen sind in der Stadt etwa 5.500 Einwohner verblieben. In diesem Frühjahr haben insgesamt etwa 2.000 Münsteraner die Stadt verlassen. Dem steht eine etwas höhere Zahl von Zuwanderern gegenüber. Insgesamt also zählt das täuferische Münster zum Ende Februar 1534 an die 8.000 Einwohner – etwa 1.800 Männer, 4.900 Frauen und 1.200 Kinder. Dieser hohe Frauenüberschuss wird das täuferische Münster bald, im nächsten Sommer, noch vor eine große Belastungsprobe stellen.

## Die Güter gehören allen!

Jetzt also ist Münster gereinigt. Doch wie bereitet sich eine Stadt von etwa 8.000 Einwohnern gottgefällig auf die Wiederkehr des Herrn vor? Hinweise, die man der Schrift entnehmen kann, gebieten vor allem ein Leben in brüderlicher Eintracht und Liebe. Dieses Gebot ist angesichts der münsterschen Bedingungen keine luftig-unverbindliche Maxime, sondern hat sehr handfeste Seiten, denn in der Stadt gibt es nicht nur viele Verarmte und Beschäftigungslose, die sich mit besonderer Inbrunst an die tröstliche Verheißung der Täufer gehängt haben. Da sind vor allem auch die vielen Zuwanderer und Flüchtlinge, die oft nur mit dem Nötigsten versehen aus ihrer Heimat aufgebrochen sind und all ihre Habe zurückgelassen haben – in Münster, so hatten die Sendschreiben verlautet, sei für alle gesorgt, sie würden keinen Mangel leiden. In dieser Lage wird die materielle Unterstützung der bedürftigen Brüder und Schwestern durch die Gemeinde zu einem dringenden Anliegen. Auf der anderen Seite gibt es viel »herrenloses« Eigentum: die Kirchen- und Klosterschätze, das Hab und Gut der ausgewanderten Bürger und Kleriker. Auch dafür muss eine sinnvolle und gerechte Verwendung gefunden werden.

Die Antwort darauf ist die Gütergemeinschaft, die Rothmann in seiner Theologie des letzten Jahres entwickelt hat und die bereits in den Anfängen des täuferischen Gemeindelebens eine Rolle spielt. Das Gemeineigentum ist begründet im Zeugnis der Schrift vom Zusammenleben der ersten Christen. In der Apostelgeschichte finden die Täufer das Vorbild: »Niemand sagte von seinem Besitztum, es sei sein eigen, sondern sie hatten alles gemeinsam… Es gab keinen unter ihnen, der Not zu leiden hatte, wer Grundstücke oder Häuser besaß, veräußerte sie und brachte den Erlös des Verkauften, um ihn den Aposteln zu Füßen zu legen, und jedem einzelnen wurde davon soviel abgegegeben, als er gerade nötig hatte.«

Den melchioritischen Täufern der Niederlande – anders etwa als ihren oberdeutschen und böhmischen Glaubensbrüdern – ist der Gedanke der Gütergemeinschaft ursprünglich fremd, in Münster ist er durch Rothmann selbst entwickelt worden. Doch angesichts der Lage in der Stadt zögert auch der Prophet Mathys keinen Augenblick, dieses Programm mit der ganzen Macht seiner göttlichen Offenbarung zu unterstützen. Jetzt aber geht die Gütergemeinschaft deutlich über jene Anfänge um die Jahreswende hinaus, wo sie sich im wesentlichen auf eine Unterstützung der bedürftigen Gemeindemitglieder beschränkte. Jetzt ist die Gemeinde ja eine ganze Stadt: Aus dem Gebot freiwilliger Gläubigkeit wird eine gesetzliche Regelung.

Umgekehrt ergeben sich gerade aus dieser Veränderung auch Komplikationen: Die Stadt besteht nicht nur aus religiös Erweckten, sondern ist durch den Druck von außen gewissermaßen zu einer Zwangsgemeinschaft geworden. Natürlich gibt es, wie anfangs schon, auch unter den wohlhabenden Bürgern viele Gläubige, die – von religiöser Begeisterung gepackt – sicher sind, angesichts des bevorstehenden Jüngsten Tags all den äußeren Tand nicht mehr zu benötigen. Gehört nicht Geld und Gold zu jenem »Sack und Pack« des alten Lebens, dem abzuschwören nötig ist, um ins Himmelreich zu gelangen? Auch die Vernichtung von Schuldscheinen und Rechnungen findet unter diesem Aspekt allgemeinen Beifall.

Aber vor allem unter denen, die sich erst nach dem 27. Februar unter Druck taufen ließen, gibt es viele, denen – genau besehen – der rechte Glaubenseifer fehlt und die vornehmlich aus Sorge ums eigene Hab und Gut in der Stadt bleiben wollten. Ausgerechnet das aber soll ihnen nun genommen werden? Es kommt zu Unruhe und zu Widerständen in der Bürgerschaft.

Weniger strittig ist die gemeinschaftlich-zentrale Verwaltung der verwaisten Klöster und Bürgerhäuser. Im Niesing-Kloster werden die Friesen untergebracht, im Fraterherrenhaus die Lütticher, die Coesfelder in der Kommende der Georgsritter, die Warendorfer in der der Johanniter, die Schöppinger im Minoritenkloster. Die eingezogenen Güter, insbesondere die Nahrungsmittel, werden von zwölf Diakonen verwaltet, die – von der Gemeinde eingesetzt – aber auch schon alle Haushalte besichtigen und die vorhandenen Bestände registrieren. Doch noch herrscht kein Mangel an Proviant. An jedem Stadttor errichtet man Gemeinschaftshäuser, in denen die auf Wache Stehenden oder mit Schanzarbeiten Beschäftigten verpflegt werden.

Was die direkten Vermögen der Verbliebenen angeht, erhält vorerst nur die Abschaffung des Geldes Gesetzeskraft. Damit vollzieht sich innerhalb der Stadtgrenzen eine Rückkehr zur Natural-Tauschwirtschaft, die vor allem bei ärmeren Handwerkern der Stadt auf große Zustimmung stößt.

## Ein Bürger schmäht den Propheten

Schon die sich daran anschließende Anordnung, dass alles Geld, Silber und Gold abgeliefert werde, damit man es zentral verwalten kann, stößt auf erhebliche Schwierigkeiten. Die Überlieferung berichtet von Bürgern, die ihre Schätze vergraben oder einmauern. Widerstand und Missmut machen sich Luft im Auftritt des Hubert Rüscher, eines prominenten Mitglieds der Schmiedegilde. Er wagt es freilich nicht, die von Rat und Gemeinde beschlossene gemeinschaftliche Güterverwaltung direkt anzugreifen. Die ist nun auch mit Belegen aus der Heiligen Schrift reichlich und unwiderleglich abgesichert.

Rüscher hakt bei dem Neuen ein, das Münsters Situation seit dem 24. Februar kennzeichnet: der Macht der Prophetie, der »Offenbarung des Wortes Gottes«. Denn so nötig Stadt und Gemeinde den direkten Rat Gottes brauchen, so wenig ist damit eine zentrale Schwachstelle dieser himmlischen Anleitung zu übersehen. Sie äußert sich in der privaten Eingebung einzelner, der Propheten, sie ist damit von niemandem überprüfbar. Man muss schon daran glauben.

Diesen Konsens kündigt Rüscher auf, indem er gegen den »Fremden« Jan Mathys wettert, der »sich nicht schämt, sich einen Propheten nennen zu lassen; daß er, selber ungelehrt, sich herausnimmt, andere zu lehren; daß er ohne Kenntnis des Herkommens in unserer Stadt dreist die Verwaltung übernimmt; daß er, der Unbekannte, sich den Bekannten vorzieht? Mag ihn für einen Propheten halten, wer da will; ich aber bin der Meinung, daß er ein scheißender Prophet ist!« Starker Tobak, fürwahr. Und ein bisschen erinnert der Auftritt des Schmiedes an das Märchen von des Kaisers neuen Kleidern: Ungerührt nennt er all die Blößen, die Jan Mathys den Augen eines Nichtgläubigen bietet. Ein zugewanderter, ortsunkundiger, ungehobelter und ungebildeter Bäcker aus Haarlem – nach dessen Pfeife sollen die einheimischen Honoratioren und Bürger zu tanzen haben?! Verletzter Bürgerstolz bricht hervor.

Rüscher hat die Zeichen der Zeit nicht erkannt. Denn sein Vergehen ist viel mehr als nur eine persönliche Beleidigung. Sein respektloser Blick entlarvt ihn sofort – eben als Ungläubigen. Er hat an eine wunde Stelle gerührt. Aber zugleich auch an die tragende Säule des täuferischen Münster: das geoffenbarte Wort Gottes. Ohne den festen Glauben an diese direkte Anleitung durch den Herrn müssten Stadt und Gemeinde unverzüglich alle Hoffnung fahren lassen.

Zweifel am Propheten sind Zweifel an Gottes Wort. Dementsprechend fällt die Strafe für den vorlauten Bürger aus. Vor der Gemeinde wird er der Gotteslästerung angeklagt. Auf dieses Verbrechen steht seit dem Alten Testament die Todesstrafe. Und Jan Mathys selbst tritt öffentlich auf als Vollstrecker von Gottes Willen, als er mit dem eigenen Schwert den Schmied köpft.

Der Vorfall bringt auch die vorläufige Lösung eines zweiten Problems mit sich. Seit Bürgerschaft und Täufergemeinde praktisch deckungsgleich sind, ist unklar, wer in der Stadt denn nun das letzte Wort hat: die weltliche oder die geistliche Obrigkeit, Rat oder Gemeindeführung. So ruft die alttestamentarische Hinrichtung Rüschers Proteste einiger angesehener Bürger hervor, unter ihnen Bürgermeister Kippenbrock, der Erbmann Tilbeck sowie die Alderleute der Gesamtgilde, Redeker und Mollenhecke. Ihr Votum richtet sich nicht gegen die Härte der Bestrafung, sondern gegen das Verfahren: Nach ihrer Meinung hätte Rüscher vor ein städtisches Gericht gehört. Doch der Prophet stellt die Verhältnisse umgehend klar: Er lässt die Protestierenden verhaften und für einige Tage einsperren. Obwohl er die Achtung der heimischen Obrigkeit predigt, ist danach deutlich: Oberste Autorität in der Stadt ist jetzt, so unmittelbar vor dem Ende der Zeiten, das Wort Gottes. Das seines Propheten Jan Mathys.

Damit sind, soweit wir es den Quellen entnehmen können, bis zum Tag des Herrn die Aufgaben verteilt: Übergreifende Klammer in allen Zweifelsfragen ist die Gemeinde, an ihrer Spitze der Prophet und seine Vertrauten. Rat und Gilden haben sich vorrangig um die weltlichen Dinge zu kümmern, insbesondere um die Sicherung der städtischen Verteidigungsbereitschaft. Sie scheinen sich darin ohne weiteres Aufbegehren zu fügen. Freilich ist die militärische Lage auch geeignet, mehr und mehr Aufmerksamkeit auf sich zu ziehen.

## Der Bischof hat's schwer

Trotz aller Anstrengungen Franz von Waldecks kommt die bischöfliche Kriegsmaschinerie erst sehr langsam auf Touren. Sein anfänglicher Appell an die Ritterschaft hat gerade mal 30 Ritter aufs Pferd gebracht, die jetzt in Gut Nevinghoff stehen. Waldeck muss seine Aufforderung nachdrücklich wiederholen, bis schließlich 115 Ritter und 26 Erbmänner, begleitet von Knechten, insgesamt wohl über 500 Berittene unter seinem Kommando stehen. Reiterlager werden rings um Münster eingerichtet: neben Gut Nevinghoff noch in Roxel und den Häusern Kaldenhof und Lütkenbeck. Daneben sind natürlich Bauernhaufen aus der Umgebung zum Kriegsdienst verpflichtet worden.

Die mangelnde Kriegsbegeisterung im Stift mag auch auf die Einfälle zurückzuführen sein, mit denen Waldeck seine Kriegskasse zu füllen sucht. Neben der erwähnten Beschlagnahmung aller Kirchenschätze im Bistum – sie bringt dem Bischof die Summe von 12.298 Goldgulden – besteuert er nach den Worten seines eigenen Chronisten mal den Klerus, dann den Adel, »bald die vertriebenen Bürger, bald die Landbewohner, bald die Güter, bald das Vieh, bald die Pflüge... Daher entstanden viele Unruhen, auch in den Städten.«

Anfangs gestaltet sich auch die Anwerbung von Söldnern schwierig – der Arbeitsmarkt ist leergefegt. Ausgerechnet Philipp von Hessen, der jetzt alle Hoffnung auf ein lutherisches Münster aufgegeben hat, hilft Waldecks oberstem Werber Wilken Steding fürs Erste. Die hessischen Knechte rücken am 13. März im Lager des Bischofs ein. Das reicht aber bei weitem noch nicht, um einen Sturm auf die wohlbefestigte Stadt wagen zu können. So werden auch einzelne dienstlose Landsknechte, die auf Arbeitssuche vor Münsters Stadtmauern auftauchen, unter Sold genommen. Erst als der Herzog von Geldern, der Dänenkönig Christian III. und der Graf von Ostfriesland am 23. März ihre Scharmützel beenden, sorgen deren Söldnerhaufen für neue Zufuhr von qualifizierten Fachkräften.

Die Soldzahlungen werden, beginnend mit März, zunächst auf drei Monate festgelegt. Doch zunächst sorgen die bischöflichen Haufen statt in Münster mehr in der ländlichen Umgebung ihrer Lager für Furcht und Schrecken. Mitte März richtet Waldeck gegen die verbreitete Disziplinlosigkeit öffentlich Straf- und Folterinstrumente in den Lagern auf. Die Kaufleute der Umgebung werden angeschrieben, mit guten Geschäftsaussichten geködert und mit dem persönlichen Schutz des Bischofs beruhigt.

Am 17. März bewilligt der Landtag dem Bischof seine Schatzungen, ein ständiger Ausschuss wird gebildet, der die fälligen weiteren Kriegssteuern Waldecks überwachen und gegebenenfalls genehmigen soll. Waldecks Maßnahmen sind bereits geeignet, die Verbindung der Stadt zum Umland empfindlich zu stören. Doch reichen Mannstärke und Feuerkraft längst nicht für eine Erstürmung. Auch der Belagerungsring weist noch große Lücken auf.

## Eine schreckliche Enttäuschung

Die Bürger der Stadt, die angesichts der zunehmenden Einkreisung durchaus Selbstbewusstsein demonstrieren – am 6. sowie am 13. und 14. März unternehmen sie recht erfolgreiche Ausfälle – sitzen noch sicher hinter ihren Mauern. Die Befestigungen sind kräftig verstärkt worden – mit mächtigen Quadern aus den Mauern der alten Kirchen, die die Täufer jetzt zunehmend als »Steinkuhle« nutzen. Außerdem wurden die Turmhauben der Kirchtürme gekappt und stellen jetzt eine wirkungsvolle Plattform für die städtischen Kanonen dar – nur die Spitze der Lambertikirche bleibt erhalten, sie dient als Ausguck für die Wachen.

Außerdem sehen die Münsteraner weiterer Verstärkung entgegen. In den Niederlanden erreicht das Echo auf die täuferischen Sendschreiben erst jetzt seine volle Breite. Angesichts des kurz bevorstehenden Ostertermins machen sich Tausende daran, gen Münster zu ziehen. Am 24. März 1534 wollen sich niederländische Täufer in einem Bergkloster bei Hasselt treffen. In Spaarndam, Amsterdam, Edam, Monnickendam und Enkhuizen sammeln sich insgesamt an die 16.000 Gläubige. Von Monnickendam aus aufgebrochene Schiffe beförden 3.000 Menschen über das Ijsselmeer.

Den Massen der niederländischen Täufer ist offenbar nicht ganz klar, worauf sie sich eingelassen haben. In aller Harmlosigkeit machen sie aus ihrer Absicht keinen Hehl und verschwenden kaum einen Gedanken daran, dass man sie aufhalten könnte. Ihre Waffen, zu deren Mitnahme die Münsteraner sie aufgefordert haben, wollen sie nicht benutzen, auch besitzen sie keine militärische Ordnung oder Führung. Sie warten vielmehr auf das Erscheinen und die Hilfe des Propheten Jeremias. So ist es den zahlenmäßig weit unterlegenen Söldnern unter Führung des habsburgischen Statthalters, Georg Schenk von Tautenburg, ein leichtes, ihre Schiffe zu versenken, die Anführer hinzurichten und die Täufer in alle Winde zu zerstreuen.

Die Meldungen von der Zerschlagung der Täuferzüge in den Niederlanden sind natürlich keine guten Nachrichten für die münstersche Gemeinde. Das Unglück der Glaubensbrüder und -schwestern trifft auch die Münsteraner: Aus der erhofften Verstärkung wird wohl nichts mehr werden.

Andererseits gibt es Ermutigung: Gerade am Schicksal der Niederländer können sie ermessen, wie mächtig die Gnade Gottes über seiner Heiligen Stadt wacht, wie wunderbar die Bestimmung Münsters als Neues Jerusalem sich erfüllt. Als Bestätigung der Prophezeiung des Jan Mathys können sie auch die nach wie vor mäßigen militärischen Aktivitäten ihrer

Gegner betrachten. Alles, was sie erleben, spricht dafür, dass der Herr seine Stadt und die Gerechten, die in ihr wohnen, bis zum vorbestimmten Zeitpunkt erhält. Voller Vorfreude begehen die Münsteraner am 3. April den Karfreitag mit Glockengeläut und festlichen Umzügen. Nur zwei Tage noch!

Das Jüngste Gericht. Holzschnitt von 1493.

Endlich ist er da, der Morgen des 5. April 1534: der Ostersonntag, der Tag des Wiederkehr des Herrn. Die ganze Stadt ist bereit. Auf einem weißen Pferd reitet Jan Mathys, begleitet nur von wenigen seiner Getreuen, aus dem Tor, den Ungläubigen entgegen. Hält er sich für unantastbar, unbesiegbar unter Gottes Schutz? Die Bürger verfolgen das Schauspiel voller Erwartung. Gleich wird der Zorn Gottes die Widersacher in den Staub werfen… Nach kurzem Scharmützel wird das Häuflein der Täufer von der feindlichen Übermacht überrannt. Jan Mathys selbst: Von Spießen durchbohrt und von den feindlichen Söldnern in viele kleine Stücke zerhauen, die man nachher in einem Korb sammeln muss. Nur der Kopf des Propheten bleibt ganz – er wird auf einem hohen Pfosten aufgespießt.

Lähmendes Entsetzen in der Stadt. Und Warten. Doch der 5. April, der Tag der Wiederkunft des Herrn, neigt sich ohne ein Zeichen des Himmels.

# RESTITUTION

Man muss das Eisen schmieden, solange es heiß ist. Man darf nicht warten, bis die religiöse Begeisterung in Entmutigung und Ernüchterung umschlägt. Die Stadt ist in schrecklicher Verwirrung: Der Herr ist nicht erschienen, wie es Prophet Mathys für diesen Tag vorhergesagt hat. Warum nicht?

Der Prophet selbst ist vom Feind zerfleischt – durch ihn kann Gott seine Antwort nicht mehr offenbaren. Wenn der Herr sie jetzt in ihrer Verwirrung allein und ohne seine Antwort ließe, würden Münsters Bürger wohl Hoffnung und Zuversicht aufgeben. Noch aber zweifeln sie nicht, noch erwarten sie eine solche Antwort. Zu tief und inbrünstig haben sie in den vergangenen Wochen das unmittelbare Wirken Gottes in ihrer Stadt erlebt. Und Gott spricht. Er spricht zu ihnen aus dem Munde des zweiten Propheten: Jan Bockelson aus Leiden.

## Der neue Prophet

Noch am Osterabend predigt Jan van Leiden auf dem Hof des alten Minoritenklosters. Mathys habe sterben müssen, verkündet er, weil ihm sein persönlicher Ruhm über Gottes Ehre gegangen sei. Zweifellos hätte er mit Gottes Hilfe die Ungläubigen vernichten können, doch habe er nicht auf Gottes Gnade, sondern zu sehr auf sich selbst vertraut. Gott habe den Propheten sterben lassen, damit die Gläubigen ihn nicht über Gott stellen sollten. Jetzt werde er einen neuen, höheren Propheten berufen, um zum Volk zu sprechen.

Ihm selbst, berichtet Jan van Leiden weiter, habe Gott den Tod des Mathys schon vor Wochenfrist offenbart. Er habe diese Weissagung seinem Hausgenossen, dem Bürgermeister Knipperdolling, mitgeteilt, um einen

Zeugen zu haben, falls dies so geschehen werde. Knipperdolling tritt vor und bestätigt die Aussage Bockelsons.

Diese Predigt verhindert die drohende Krise und stärkt die gläubige Zuversicht der Bürger. Bockelsons Auftritt gibt all die Antworten, die sie erwarten und die man jetzt geben kann. Der Tod des Mathys wird erklärt und zugleich in eine Ermahnung zu noch größerer Gottesfurcht verwandelt. Die ausbleibende Wiederkehr des Herrn zum vorbestimmten Termin ist beim besten Willen nicht hinwegzudiskutieren – aber die moralische Herabsetzung des alten Propheten mindert natürlich auch den Wert seiner Weissagung. Einen neuen Termin für das Weltende nennt Bockelson nicht. Hingegen bietet er sich als den neuen Propheten an, den die Gläubigen jetzt brauchen.

Sein Angebot wird auf der Stelle angenommen. Drohende Verwirrung und Verzweiflung schlagen um in ungeheure Erleichterung, die sich in Szenen der Begeisterung und Ausgelassenheit Luft macht. Die Menschen singen und tanzen auf den Straßen. Und Jan Mathys ist vergessen.

Dieser Abend des 5. April 1534 war die Stunde des Kronprinzen – und er hat sie zu nutzen gewusst. Schon vorher, zu Lebzeiten Mathys‘, galt Jan Bockelson als dessen Lieblingsapostel. Nach Zeugenberichten habe Mathys selbst gesagt, »daß ihm geoffenbart sei, Johann von Leiden sollte noch hoch erhoben werden in der Welt und noch ein großer Prophet werden«. In vieler Augen galt er bereits als »zweiter Prophet«.

Jan van Leiden hat trotz seiner erst 26 Jahre bereits ein wechselvolles Leben hinter sich. Er wurde 1508 nahe bei Leiden als unehelicher Sohn des Dorfschulzen Bockels geboren, der die Mutter Jans, eine Leibeigene aus Horstmar im westlichen Münsterland, wenig später heiratete. Jan lernte zunächst das Schneiderhandwerk und versuchte sich, wie viele seiner Berufskollegen, als Tuchhändler. Er reiste nach London, Lissabon und

Lübeck. Nachdem seine Unternehmungen Schiffbruch erlitten hatten, versuchte er sich als Gastwirt. Auch unterwies er in der Kunst der Rede. Gleichzeitig schrieb er Theaterstücke, die er auf Jahrmärkten aufführte und in denen er selbst mitspielte.

Sein Leben änderte sich, als er im Sommer 1533 in Münster die Predigten Rothmanns hörte. Zurückgekehrt nach Holland, schloss er sich den Täufern um Mathys an. Er studierte die Bibel und die Schriften Melchior Hoffmanns, empfing im November als einer der ersten die Taufe, um dann als Apostel des Mathys im Januar 1534 nach Münster zu reisen. Dort kam er im Hause Knipperdollings unter, mit dem er seither enge Verbindung hält.

Äußerlich steht der gutaussehende, weitgereiste Bockelsson in starkem Kontrast zu seinem Lehrer und Vorgänger, dem düsteren, ungeschlachten, geradezu alttestamentarischen Propheten Mathys. Alle Zeitgenossen rühmen die Redegewandtheit, die Schlagfertigkeit und das gewinnende Auftreten des neuen Propheten.

## Die neue Sendung

Von seinem Geschick, auf die Fragen der Gemeinde überzeugende Antworten zu geben, hat er am Osterabend eine erfolgreiche Kostprobe geliefert. An diesem Abend findet das täuferische Münster eine Erklärung für Tod und Scheitern des Jan Mathys und es findet einen neuen Propheten. Doch der nächste Tag bringt neue Fragen, die sich grundlegend von alten unterscheiden.

Bis gestern lebten die Münsteraner auf Ostern, den Tag der Erlösung hin. Alle ihre Maßnahmen waren ausschließlich als Vorbereitung für diesen Tag gedacht, auch die militärische Verteidigung diente lediglich dazu, das

Neue Jerusalem bis zur Wiederkunft des Herrn zu sichern. Doch jetzt – wie weiter?

Das spontane, begeisterte Vertrauen der münsterschen Gläubigen auf einen neuen Propheten ist durchaus nicht so naiv und irrational, wie es aus der Rückschau erscheinen mag. Zum einen sind die Alternativen denkbar unattraktiv: Die vielen hoffnungsvoll Zugewanderten – sollen sie wieder von dannen ziehen, als ob nichts gewesen wäre? Selbst wenn sie wollten – die Stadt ist eingekreist von den Truppen des Bischofs, für fast alle würde ein Fluchtversuch den Tod bedeuten. Und die Bürger der Stadt selbst – sollen sie sich widerstandslos dem Bischof und seiner Rache ergeben? Zumindest die Prominenteren unter ihnen können sich ausrechnen, was Franz von Waldeck ihnen zugedacht hat. Alles, was die Stadt sich in anderthalb Jahren an Unabhängigkeit und religiöser Freiheit erkämpft hat, würde mit einem Schlage hinfällig werden: Man würde sein Seelenheil den Gottlosen opfern.

Zum zweiten: Es kann nicht alles falsch gewesen sein. Gut – der prophezeite Tag der Wiederkunft ist verstrichen. Aber der Prophet, der ihn weissagte, hat mit seinem Tod für seine Sünde gebüßt. Über allen Propheten aber steht Gott – und haben die Münsteraner, seit sie im rechten Glauben leben, nicht ständig Gottes wunderbares Wirken und Eingreifen selbst erlebt? Die Errettung der Stadt vor den Ungläubigen, geschwisterliche Eintracht wie in der Apostelgemeinde, Zeichen des Himmels, Gesichte und Visionen, erfolgreiche Abwehr der feindlichen Truppen – es steht außer Zweifel, dass Gott mit seiner Heiligen Stadt, mit Münster, Besonderes vorhat.

In den ersten Aprilwochen entfaltet der Prophet Jan van Leiden das neue Bild von Münsters Sendung: »Heilig ist der Herr und Ihr seid sein Volk. Wie nun das Vorbild bereit ist, so soll es über die ganze Welt sein, gleich als es hier begonnen ist in dieser heiligen Stadt.« Denn »all die Ungerechtigkeit muß noch ausgerottet werden«.

Seine Predigt fasziniert die Gläubigen. Ja, natürlich, Münster, die auserwählte Stadt, soll das Vorbild sein für die Heiligung des Erdkreises! Und vom passiven Erwarten können die Gläubigen jetzt zum aktiven Handeln übergehen. Nebenbei: Damit ist auch die leidige Frage eines neuen Termins für das Weltende vom Tisch. Statt, wie bisher geglaubt, Endpunkt zu sein für die alte sündige Welt, wird Münster nun in den Augen seiner Bewohner zum Ausgangspunkt einer neuen, besseren Welt.

Von dem neuen Selbst- und Sendungsbewusstsein spricht eine Botschaft »der Gemeinde Christi in Münster«, die sie bereits am 8. April an die belagernden Truppen sendet. Münsters Gläubige appellieren an etwa noch vorhandene Frömmigkeit unter den Söldnern und geben ihnen zu bedenken, dass sie für schnöden Mammon und durch Lügen verführt Krieg führen »gegen Gott und die Wahrheit«. Die Wahrheit sei nämlich, »daß wir nicht solche Frevel und ungeheure Sünden, wie sie über uns unverschämter Weise unter euch erdichtet werden, duldeten und geschehen ließen.« Sie fordern die Feinde auf, eine Abordnung zu schicken und sich selbst vom gottgefälligen Leben in der Stadt zu überzeugen. Sie wünschen nichts anderes als »die Bekehrung aller Menschen, damit sie mit uns selig werden.« Aber auch drohend: »Alle Feinde Gottes achten wir nichts anderes denn als Spreu und Kehricht, denen wir unerschrocken im Vertrauen auf die Hilfe unseres Führers Widerstand leisten werden.«

## Die Diplomatie der Fürsten

Der »mentalen Stärke« der Verteidiger Münsters setzt Bischof Franz von Waldeck eine immer festere Umklammerung der Stadt entgegen. In diesen Wochen entstehen vier neue Lager: vor dem Ludgeritor, dem Kreuztor, bei der Enkingmühle und ein letztes vor dem Frauentor. Sieben Söldnerlager sind nahe den Stadtmauern an den Hauptzufahrtsstraßen aufgeschlagen, vier Reiterlager bilden hinter dieser Linie einen zusätzlichen

Sicherungsring. Doch Waldeck verfügt über keine eigenen Geschütze, die muss er sich bei seinen Fürstenkollegen ausleihen.

Das geht sehr viel langsamer voran, als sich der Fürstbischof wünscht. Seine zusammengekauften Truppen verschlingen Geld, monatlich etwa 28.000 Gulden. Doch Franz von Waldecks diplomatischen Verhandlungen gestalten sich schwierig. Zwar hat er mächtige Verbündete: die Fürsten von Köln und Kleve, den Herzog Karl von Geldern sowie als mächtigsten den Landgrafen Philipp von Hessen. Diese Herrscher sind äußerlich vereint – vor allem gegen einen gemeinsamen Feind: das kaiserliche Haus Habsburg.

Trotzdem fürchtet ein jeder dieser Fürsten, dass einer seiner Partner zu mächtig werden könne. Von einer brüderlichen Vereinigung kann nicht die Rede sein. Franz von Waldeck weiß auf der einen Seite diese Gegensätze geschickt auszunutzen. Er denkt nicht daran, die Herrschaft über sein Stift abzugeben, lässt andere aber glauben, er spiele mit diesem Gedanken. Die bald aufkommenden Gerüchte, er wolle an die burgundische Seitenlinie der Habsburger, die schon die Niederlande beherrscht, verkaufen, zerstreut er mit Absicht nur sehr halbherzig. Auf der anderen Seite befindet er sich in einer Zwickmühle – alle Verhandlungen, die er mit einem der genannten Fürsten aufnimmt, lassen die andern sofort argwöhnen, er wolle sie politisch übervorteilen – und Franz benötigt die Hilfe eines jeden dieser Fürsten.

Als Erster hat Landgraf Philipp Truppen und Geschütze geschickt. Auf diese Nachricht hin erklären sich Köln und Kleve bereit, mit dem Bischof zu verhandeln. Die Gespräche finden in einer Atmosphäre des Misstrauens statt. Die Klever fürchten, der Bischof wolle ihre Hilfe missbrauchen, weil es ihm allein darum ginge, Münster zu unterwerfen, sich einzuverleiben und anschließend das gesamte Stift an Burgund zu verkaufen. Man fordert, mitsprechen zu dürfen, was nach der Eroberung mit der Stadt geschehen solle. Waldeck muss einwilligen.

Trotzdem bleibt die Hilfe kläglich. Kleve schickt im April lediglich einige Geschütze und hält die versprochenen Söldner zurück, der Erzbischof von Köln kündigt lediglich an, 10.000 Gulden zu verleihen, für die ihm von Waldeck einige Ämter verpfänden soll.

Außerordentlich hilfsbereit zeigt sich – neben Hessen – das habsburgische Burgund. Ende April besucht der burgundische Statthalter Schenck von Tautenburg, der vor einigen Wochen noch die niederländischen Täufer abschlachtete, von Waldeck und übergibt ihm 4.000 Gulden und 40 Fässer Pulver – doch bitten sich die Burgunder aus, nach Ende der Fehde sämtliche Söldnertruppen des Bischofs anwerben zu dürfen. Das gleiche hatte zuvor schon Philipp begehrt: Beide benötigen sie Truppen, weil sie in Württemberg Krieg zu führen beabsichtigen – und zwar gegeneinander.

Das Auftreten der Habsburger wiederum bringt Kleve und Köln in Bewegung. Sie bequemen sich zu einem weiteren Gespräch, das am 7. Mai in Neuss stattfindet. Ihre vollmundigen Zusagen – Geld, Reiter und Schanzarbeiter wollen sie stellen – lassen sie sich wieder mit politischen Versprechen bezahlen. Tatsächlich erscheint kein einziger klevischer Soldat oder kölscher Gulden vor Münster – lediglich militärische Beobachter, namentlich klevische Kriegsräte.

Die stockenden Kriegsvorbereitungen ihres Gegners ermöglichen den Münsteranern, die äußere Entwicklung mit Gelassenheit abzuwarten. Die Belagerer werden nur mit gelegentlichen Störmaßnahmen behelligt. Am 16. April gelingt es dem Schornsteinfeger Wilhelm Bast sogar, in einer nächtlichen Einzelaktion die nahegelegene bischöfliche Residenz Wolbeck in Brand zu stecken – um ein Haar wäre dabei auch ein Pulverlager des Fürsten in die Luft geflogen.

## Die neue Verfassung

Doch in erster Linie organisieren die Münsteraner zunächst das innere Leben der Heiligen Stadt neu. Das ist nötig: Alle bisherigen Maßnahmen von Gemeinde und Rat waren ja nicht auf Dauer, sondern nur bis zum nahen Tag des Herrn angelegt.

So werden zum Beispiel einige Schulen eingerichtet. Doch insbesondere das Verhältnis zwischen Rat und Gemeinde, zwischen weltlicher und geistlicher Macht, bedarf einer klaren Regelung. Vor Ostern dominierten Eingebung und Charisma des Propheten, was für diesen begrenzten Zeitraum hinnehmbar war. Auf längere Sicht kann diese Doppelstruktur nicht länger charismatisch überspielt werden.

Nach einiger Bedenkzeit hat Jan van Leiden Mitte Mai eine Eingebung: Er verstummt und gibt zu bedeuten, dass er am dritten Tag eine Offenbarung des Vaters verkünden werde. Eine große Versammlung erwartet begierig seine Worte. Jan verkündet, in dem »neuen israelitischen Volke« solle eine neue Verfassung herrschen. Er benennt zwölf »Älteste«, sie seien die »Ältesten der zwölf Stämme Israels, denen die Entscheidung aller öffentlichen wie privaten, geistlichen wie weltlichen Dinge« zustehen solle.

Unter den zwölf Genannten finden wir einige wohlbekannte Namen: neben dem Erbmann und ehemaligen Bürgermeister Tilbeck vier bisherige Ratsherren, insgesamt sechs Einheimische. Dazu kommen der Adlige Gerlach von Wullen, je ein Vertreter der Coesfelder und Warendorfer sowie drei niederländische Täufer. Den Beratungen dieser Ältesten sollen künftig ein Rechtskundiger – der ehemalige Gerichtsherr Heinrich Krechting aus Schöppingen – sowie der Prophet selbst beiwohnen. Die Prophetie – längst zentraler Bestandteil des täuferischen Münster – wird damit zu einer Institution.

Gleichzeitig wird ein strenges Regiment aufgerichtet. Ein ganzer Katalog von Sünden wird aufgelistet, »die im Alten Testament mit dem Tode bestraft wurden, sowie neutestamentlicher Gebote«. Neben sittlichen Verfehlungen wie Hurerei und Ehebruch werden – dem Belagerungszustand entsprechend – auch Sünden wie »Verleumdungen, Murren und Aufruhr im Volke Gottes« sowie das Fluchen gegen die Obrigkeit mit der Todesstrafe bedroht. Angesichts des Belagerungszustands, unter dem ein Protest gegen die Stadtführung als Meuterei betrachtet wird, ist die Härte der Strafen für die damalige Zeit alles andere als außergewöhnlich.

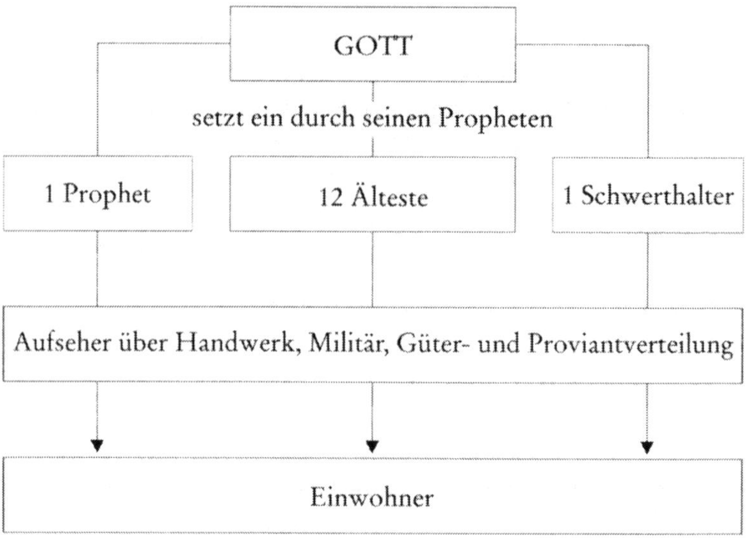


*Ordnung der zwölf Ältesten*

Die »Eingebung« Bockelsons wird in anderen Quellen nüchterner dargestellt. Jedenfalls sind ihr eingehende Beratungen der münsterschen Führungsschicht vorausgegangen. Der erste Beschluss des Ältesten-Gremiums macht es deutlich: Die prophetische Offenbarung entspricht auf wunderbare und ausgewogene Weise den praktischen Erfordernissen wie den gegebenen Kräfteverhältnissen in der Stadt. Es werden weitere politische und wirtschaftliche Funktionen besetzt, und in den Listen der Amtsträger finden wir überwiegend die Vertreter jenes Neu-Honoratiorentums, das schon den letzten Rat gestellt hatte.

»Schwertträger« und damit Inhaber der polizeilichen Gewalt wird der bisherige Bürgermeister Bernd Knipperdolling. Ehemalige Ratsherren und Alterleute übernehmen die Schatzverwaltung, den Bau von Verteidigungsanlagen und die Nahrungsmittelversorgung. Auch die handwerkliche Produktion wird unter Aufsicht gestellt. Damit verlieren die Gilden ihre Aufgabe, die ohnehin durch die kriegsbedingte Einschränkung des Handels sowie durch den Übergang zur Selbstversorgungs- und Kriegswirtschaft bereits stark reduziert ist.

Die neue Ältesten-Verfassung hat die jahrhundertealte Ratsordnung außer Kraft gesetzt. Doch der Schein trügt: Bei Licht besehen, profitiert die eingesessene Bürgerelite Münsters von dieser Änderung. Sie hat im wesentlichen wieder ihre alte Führungsrolle eingenommen, die sie in den vorösterlichen Wochen an die Herrschaft des charismatischen Propheten Mathys hatte abgeben müssen.

Mit den Regelungen vom Mai 1534 hat das täuferische Münster seine nachösterliche Krise überwunden. Es verfügt wieder über eine Vision, hat einen neuen Propheten, und die innerstädtischen Verhältnisse sind vorerst stabil geregelt. Der Bischof kann kommen.

## Der Reinfall des Bischofs

Die Münsteraner üben sich »in fast täglichen Scharmützeln« mit den Bischöflichen. Am 16. Mai glückt ihnen ein besonders erfolgreicher Ausfall, »wobei sie ohne große eigene Verluste nicht wenige niedermachten«, es gelingt ihnen auch, Pulvervorräte anzustechen, Wagen unbrauchbar zu machen sowie vierzehn Geschütze zu vernageln. Das schmerzt den Bischof besonders. Seine mühsam zusammengeliehene Artillerie – 42 Stück – kann ohnehin nicht mit der Feuerkraft der 86 städtischen Kanonen mithalten.

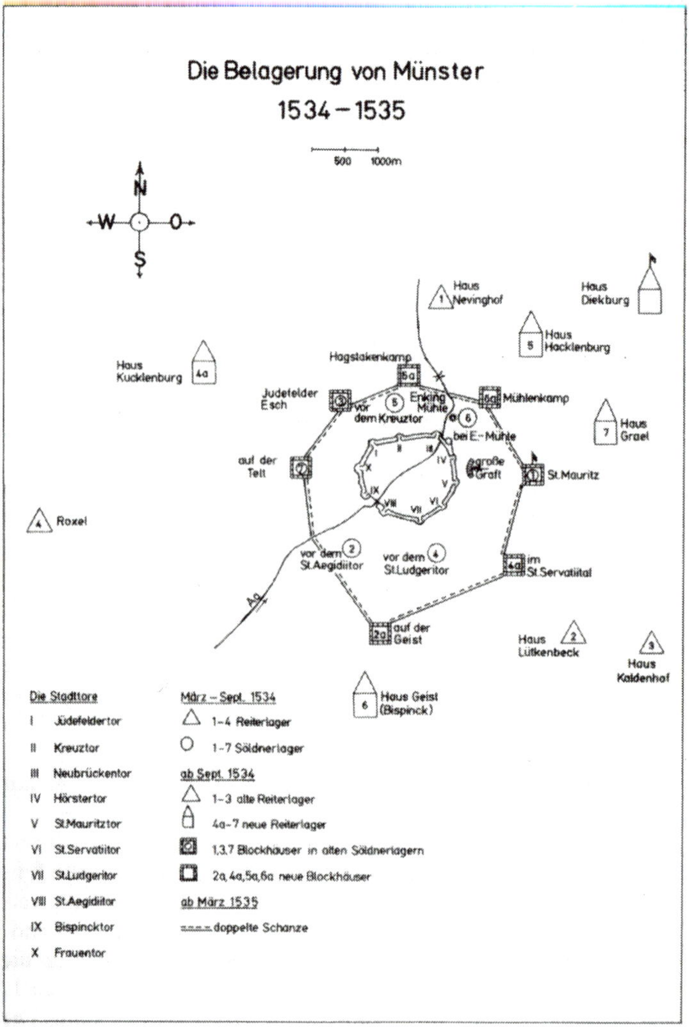


Belagerung Münsters. Entwurf von Karl-Heinz Kirchhoff.

Da muss was geschehen: Waldeck hat etwa 8.000 Mann unter Waffen, die vereinbarten Soldzahlungen laufen Ende Mai aus. Disziplin und Stimmung unter seinen Soldaten sind weiterhin schlecht, die Propaganda der Täufer bleibt nicht ohne Wirkung – es sind schon etwa 200 Söldner zu den Städtischen übergelaufen. Weiter auf seine zögerlichen Verbündeten zu warten, erscheint Waldeck Geld- und Zeitverschwendung.

Deshalb bereitet er die Erstürmung der Stadt vor. Das Jüdefelder Tor, am nordwestlichen Zipfel der wappenförmigen Stadtmauer gelegen, scheint besonders geeignet. Die Straße führt nicht in einem Tunnel unter dem Rondell, sondern daneben aus dem Wall heraus, und das umgebende Gelände liegt sieben Meter tiefer, sodass der Wassergraben leicht anzustechen ist. Ende April haben die Vorbereitungen begonnen.

Gearbeitet wird nachts, wenn die Dunkelheit den Täufern die Gegenwehr erschwert. 300 Bauern aus den naheliegenden Ämtern müssen vom 29. April an allnächtlich graben, 48 Spezialisten – wahrscheinlich sächsische Bergknappen – leiten das Unternehmen. Es stellt sich heraus, dass die Arbeiten auf diese Weise nicht durchzuführen sind, und der Bischof verpflichtet zusätzliche Helfer aus ferner liegenden Bauerschaften.

Jetzt arbeiten allnächtlich 1.000 Bauern an dem Vorhaben, und es gelingt, den Graben an einigen Stellen trockenzulegen. Nach einer viertägigen Beschießung soll in der Frühe des 26. Mai gestürmt werden. Sturmleitern, Transportwagen, Reiterei – alles steht bereit.

Auf eigene Art bereiten sich die Söldner für den Angriff vor: Sie verscheuchen ihre Angst, indem sie hemmungslos trinken. Franz von Waldeck ist guter Dinge – da eröffnet eine kleine Schar Betrunkener vorzeitig um elf Uhr nachts den Angriff. Den Münsteranern gelingt es in letzter Stunde, die Übergänge am äußeren Graben wieder zu zerstören. 200 Bischöfliche fallen. Der Sturm auf die Stadt muss abgeblasen werden. Zahlreiche Söldner verlassen daraufhin die Lager.

Vordergründig ist dieses schmähliche Scheitern für Franz von Waldeck ein Rückschlag. Seine Truppen sind demoralisiert, an einen zweiten Sturm ist nicht zu denken. Auch lässt die missglückte Eroberung die andern Fürsten zunächst ungerührt. Nur mit Mühe gelingt es Franz, ein weiteres Gespräch zu vereinbaren – da hilft Burgund wieder unerwartet. In den habsburgischen Niederlanden hat die Nachricht, dass Münster nicht gefallen sei, nämlich weite Kreise gezogen. Überall in dem täuferreichen Land kommt es zu größeren und kleineren Unruhen. Deshalb bietet die Königin Maria dem Bischof großzügig Hilfe an. Sie wolle tun, was sie könne.

Das aber rüttelt Köln und Kleve wach. Im Einvernehmen mit dem Landgrafen von Hessen bieten sie an, dass ein jeder von ihnen über einen Monat 20.000 Emder Gulden zum Unterhalt von Knechten und Schanzarbeitern leisten wolle. Weitere 10.000 Emder Gulden werden für Pulverkäufe bereitgelegt. Außerdem verspricht man, diplomatisch zu helfen und die alten Zusagen endlich einzulösen. Zum Dank sagt Franz zu, sein Stift nicht an die Habsburger zu veräußern. Spätestens von jetzt an weiß er auch, wie er seine Freunde in Zukunft unter Druck setzen kann. Die burgundisch-habsburgische Karte wird er in Zukunft öfter auf den Verhandlungstisch legen.

## Die neue Judith

Von diesen Verwicklungen erfährt man innerhalb der Stadtmauern Münsters wenig. Die Geldnot des Bischofs ist freilich bekannt. Mit Flugschriften versuchen die Täufer, Unruhen unter den Landsknechten wegen ausbleibender Soldzahlungen weiter zu schüren. Einen Angriff, um

Verwirrung und Auflösungserscheinungen im bischöflichen Lager zu nutzen, unternehmen sie allerdings nicht. Stattdessen sinnen sie über andere Wege nach.

Eine junge friesische Täuferin berichtet den Ältesten von einer Eingebung, die ihr gekommen sei. Ihr Vorbild ist Judith, die einst das bedrängte Volk Israel dadurch rettete, dass sie sich ins feindliche Lager begab, dort König Holofernes umgarnte und ihm dann den Kopf abschnitt. Die Judith Münsters heißt Hille Feicken, den Holofernes soll Bischof Franz abgeben. Ihr Plan wird für gut befunden, sie bekommt Geld und Zehrung und macht sich am 16. Juni auf. Doch ein Überläufer verrät das Vorhaben. Hille Feicken wird vom Drosten zu Wolbeck festgenommen und dem Bischof übergeben, der lässt sie Ende Juni köpfen.

Dass Münsters Täufer – statt zeitgemäßere und erfolgversprechende Militärmaßnahmen zu ergreifen, etwa einen größeren Ausfall – sich zu solchen Himmelfahrtskommandos versteigen, die ihre Vorbilder im Alten Testament haben, ist nicht ganz zufällig. Seit sie versuchen müssen, das Leben einer ganzen Stadt oder, wie sie jetzt sagen, eines ganzen »Volkes« nach göttlichen Prinzipien einzurichten, ist neben der Apostelgeschichte, dem Zeugnis der frühen Christen, das Alte Testament, die Erzählung vom Bund Gottes mit seinem auserwählten Volk, immer mehr in den Mittelpunkt ihres Bibelstudiums gerückt. Schon die Ältesten-Verfassung beruhte ja ausdrücklich auf dem Vergleich der münsterschen Bürgerschaft mit dem Volk Israel aus dem Alten Bund.

## Die neue Ehe

Das Alte Testament wird im Juli erneut herangezogen, um eine neue Anordnung zu begründen: »Seid fruchtbar und mehret Euch!« laute das biblische Gebot. Und schon die Erzväter Israels hätten es dergestalt befolgt, dass sie mit mehreren Frauen zusammenlebten. So soll es nun auch in Münster gehalten werden: Jede heiratsfähige Frau soll einen Mann haben, da aber in Münster sehr viel mehr Frauen als Männer leben, darf und soll jeder Mann mehrere Frauen heiraten.

Da ist sie also: die Polygynie, die »Mehrfrauen-Ehe«, bis heute vielleicht das bekannteste und zugleich moralisch angefochtenste Merkmal des münsterschen Täuferreichs.

Dabei beruht das Vorurteil, das den Täufern aus ihrer »Vielweiberei« einen moralischen Strick zu drehen versucht, auf einer direkten Umkehrung dessen, was sie tatsächlich wollten. Das gilt auch für jene falschen Romantisierungen, die in der Täuferherrschaft einen sexuell freizügigen Liebeskommunismus sehen wollen. Es waren gerade nicht »zügellose Fleischeslust« und sexuelle Libertinage, die die Einführung der Polygynie begründeten. Hier setzen sich strenger Puritanismus und alttestamentarische Patriarchats-Vorstellungen durch.

Ähnlich wie auch sonst die zeitgenössische Theologie forderten die Täufer schon bislang, dass die Frau sich dem Manne unterzuordnen habe. In ihren Augen war eine Ehe, wie Rothmann es in seiner Schrift »von der Ehe« kurz nach Ostern formulierte, nur dann gültig, wenn sie im rechten Glauben an Christus geschlossen wurde. Umgekehrt hieß das: Die Ehe mit einem nichtgetauften Partner, einem »Heiden«, konnte als null und nichtig betrachtet werden.

Im Sommer aber verlangt die besondere Situation Münsters nach einer weitergehenden Antwort. Zum einen gibt es einen erheblichen »Frauen-Überschuß« in der Stadt. Schon in normalen Zeiten wies die Stadt etwa 30 % mehr Frauen als Männer im heiratsfähigen Alter auf. Zunächst die Flucht vieler nichttäuferischen Bürger und dann die Verluste an Männern durch Kriegshandlungen haben dieses Ungleichgewicht weiter verstärkt.

Vor allem aber übt das Täufertum gerade auf Frauen eine beträchtliche Anziehungskraft aus: Hier können sie, anders als in der alten Kirche, sehr viel unmittelbarer am religiösen Leben und Erleben teilhaben. Reformatorisches »Priestertum aller Gläubigen« und täuferische Prophetie, also die direkte und persönliche Offenbarung von Gottes Willen, ermöglichen es den Frauen erstmals, sich einen eigenen Zugang zur Religion zu eröffnen.

Auch bei den Täufern haben sie zwar keine gemeindlichen Ämter, aber die Frauen spielen eine herausragende Rolle im Leben des täuferischen Münster: Sie sind es oft, die als erste Gesichte und religiöse Erweckungserlebnisse haben – erinnert sei nur an die ersten Bußrufe im Februar und an die nachfolgenden Geschehnisse auf dem Marktplatz bei der Errettung der Stadt. Das täuferische Leben selbst hat also eine beträchtliche Anzahl Frauen in Münster gehalten oder dorthin gezogen.

All diese Faktoren zusammengenommen haben das Verhältnis zwischen den Geschlechtern so verändert, dass in der belagerten Stadt auf etwa drei Frauen mittlerweile nur ein Mann kommt. Das wirft Probleme für ein heiligmäßiges Leben auf. Es ist aber zuvörderst nicht das Problem sexueller Ausschweifung – »Ehebruch« und »Hurerei« hält man mit Androhung der Todesstrafe im Zaum.

Nein – es ist die streng patriarchalische Geschlechter- und Eheauffassung der Täufer, die durch die riesige Zahl »herrenloser« Frauen herausgefordert wird. Wie sollen sie gottgerecht leben, wenn sie keinem männlichen »Haupt« untertan sind? Diese theologische Frage entspricht zugleich einer praktischen: Die zunehmende kriegswirtschaftliche Rationalisierung erfordert eine klare und übersichtliche Organisation der städtischen Haushaltungen, deren Vorstand in der Regel immer ein Mann zu bilden hat. Daneben gilt es, die Frauen der geflohenen Bürger, die aus taktischen Gründen in der Täuferstadt geblieben sind, zu kontrollieren.

Also machen sich der Prophet – ihm, dem gutaussehenden Jan Bockelson, wird auch ein persönliches Interesse an der Mehrfrauen-Ehe nachgesagt – und die Prediger daran, eine theologisch wohlbegründete Antwort zu finden. Neben dem Beispiel der Erzväter Israels wird das biblische Fruchtbarkeitsgebot als Hauptinhalt der Ehe betont und zugleich neu gedeutet: Münsters Mission besteht ja darin, die 144.000 Gerechten zusammenzubringen, die am Ende auf Gottes Seite stehen werden – das muss nicht nur durch Bekehrung, sondern kann auch durch Vermehrung geschehen.

Die Reaktionen auf diese neue Verkündigung sind geteilt. Zwar haben die Frauen anfangs noch das Recht, Bewerber abzulehnen, doch gerade bei ihnen wird natürlich Widerstand spürbar. Die Maßnahme bedeutet für sie eine deutliche Einschränkung und Herabminderung der wichtigen Rolle, die sie bislang im Täuferleben spielten.

Ihr Widerstand äußert sich zumeist nicht in offener Auflehnung, sondern in Spott und Ironie. So ist ihnen befohlen, ihren Mann mit »Herr« anzureden. Die Frauen reagieren darauf mit einer Art »Dienst nach Vorschrift«, indem sie durch die Straßen gehen und einander spottend fragen: »Hast Du meinen Herrn nicht gesehen?« Die Ältesten schaffen die Anrede schließlich wieder ab.

In vielen der neuen Familien kommt es zu Streit, da insbesondere die »ersten« Frauen ihre Position gefährdet sehen. Andere Frauen protestieren bei den Ältesten, dass ihren Männern die Mehrfachheirat erlaubt ist. Sie werden verhaftet, einige sogar – »Murren gegen die Obrigkeit« – hingerichtet.

## Ein Schmied rebelliert

Auch die Männer verhalten sich nicht einheitlich. In manchen Fällen kommt es zur brutalen Ausübung der sexuellen Verfügungsgewalt. Für viele mag eine Rolle spielen, dass im weiteren Verlauf die Zahl ihrer Ehefrauen Einfluss auf ihren Status erhält – Jan van Leiden etwa wird im September als König der Stadt 16 Ehefrauen haben. Manche Männer aber wollen nach wie vor mit nur einer Frau verheiratet sein.

Das muss nicht unbedingt ein Bekenntnis zur ehelichen Treue bedeuten. Mehr Frauen zu haben, ist für viele Männer keine attraktive Vorstellung – es bedeutet ein Mehr an Verantwortung und Versorgung. Eine Variante der Polygynie ist schließlich das »Patronat«: Ältere, nicht mehr gebärfähige Frauen dürfen sich einen Mann als Ehemann und »Schirmherrn« aussuchen.

Radikal bricht die Mehrehe mit moralischen Traditionen. Sie ist die tiefste soziale Veränderung, die die Täufer in Münster einführen. Selbst die Gütergemeinschaft ist mehr und mehr in ein kriegswirtschaftliches Rationierungssystem übergegangen und erscheint damit als eine womöglich nur vorübergehende Maßnahme. Die Verheiratung mit mehreren Frauen aber – das ist angesichts der Unauflöslichkeit der Ehe eine Veränderung, die auf Dauer gestellt ist. Deshalb entzündet sich gerade an dieser Frage jetzt ein offener Aufstand in der Stadt.

Unzufriedenheit mag es schon länger gegeben haben – auch die Einführung der Gütergemeinschaft war ja nicht auf einhellige Begeisterung gestoßen. Zudem schwelt bei manchen Schwankenden sicherlich der Zweifel, ob die neue, weltumspannende Mission Münsters gelingen oder ob das Täufertum nicht doch eines Tages zugrunde gehen wird. Die Einkreisung durch die feindlichen Truppen wird solche Zweifel nicht gerade zerstreut haben. Nun sammelt sich aller Unmut in der Frage: Darf man die

»Vielweiberei« zulassen, die das Leben der Stadt und seiner Bürger so dauerhaft verändern wird?

Gertrud von Utrecht oder Divara.
Holzschnitt nach Heinrich Aldegrever um 1536.

Der Schmied Mollenhecke sagt: Nein! – Hinrich Mollenhecke ist nicht irgendwer, sondern Mitglied der städtischen Handwerksleitung und ehemaliger Altermann der Gesamtgilde. So sammeln sich hinter ihm viele Bürger, etwa zweihundert, unter ihnen auch übergelaufene Landsknechte, die mit dem Täufertum ohnehin nicht viel am Hut haben. In der Nacht vom 29. zum 30. Juli schlagen sie los, setzen Jan van Leiden, Knipperdolling sowie einige Prediger im Ratskeller gefangen und besetzen den Marktplatz.

Mollenhecke und sein Trupp fordern nicht nur die Abschaffung der Mehrfrauen-Ehe, sondern auch gleich die Rücknahme der Gütergemeinschaft sowie die Wiedereinsetzung der alten Ratsordnung: »daß alles wieder sein sollte, wie es war, und wollten die Stadt aufgeben.« Sogar dem Bischof die Tore öffnen? Das ist zuviel. Unter Führung des Ältesten Tilbeck, des Erbmanns und vormaligen Bürgermeisters, stürmt der Rest der Bürgerschaft den Markt und wirft die Aufständischen ins Rathaus. Nachdem Mollenhecke dort mit Kanonen unter Feuer genommen wird, gibt er auf. Von 120 Gefangenen werden nur diejenigen verschont, die nachweisen können, nicht von Anfang an dabeigewesen zu sein. 47 Aufständische werden hingerichtet.

## Ein glorreicher Sieg

Die Belagerer erhalten schon am nächsten Tag Kunde von der innerstädtischen Krise – wie klevische Kriegsräte ihrem Fürsten berichten, zu spät, um die Gelegenheit für einen eigenen Coup zu nutzen. Es bleibt beim vorbestimmten Plan des Bischofs: Am 31. August soll Münster endgültig gestürmt werden.

Den zweiten Sturm bereitet von Waldeck sorgfältiger vor als den ersten. Durch geschicktes Ausnutzen der Differenzen seiner verschiedenen

Bündnispartner hat er ausreichende Geldmittel aufgetrieben, um seine Söldner von einer drohenden Meuterei abzuhalten und sogar zum erneuten Sturm zu bewegen.

Auch die militärischen Vorbereitungen sind wesentlich aufwendiger als im Mai. Zunächst versucht man, Schanzen und Geschützstellungen nahe an das Kreuztor und Mauritztor zu bringen. Etliche hundert Bauern sollen sich wieder nächtelang an den Stadtgraben heranschaufeln, denn die Söldnerhauptleute weigern sich zu stürmen, solange dieser Wasser führt.

Gewarnt von dem ersten Versuch wehren sich die Münsteraner von Anfang an heftig gegen diese Arbeiten. Das Vorhaben muss aufgegeben werden. Der bischöfliche Schanzmeister Offerkamp entwirft einen neuen Plan: Ein Erdwall soll zwischen Hörstertor und Mauritztor allmählich gegen die Mauern der Stadt geschoben werden, indem die Erde Schaufel für Schaufel über die Dammkrone nach vorn geworfen wird. Beschossen von den Münsteranern, graben bald täglich hunderte von Bauern an dieser »großen Graft«. Im Juni kommt man trotzdem täglich nur einen Schritt weit vorwärts. Erst eine großangelegte Werbeaktion verschafft dem Bischof so viele Arbeitskräfte, dass er damit rechnen kann, Ende August fertig zu werden.

Tatsächlich gelingt es, bis an den Stadtgraben heranzukommen. Am Jüdefeldertor und Hörstertor wird der Graben angestochen, und man beginnt, ihn zuzuwerfen. Doch wird dies unter der verzweifelten Gegenwehr der Täufer bald unmöglich. Tagelang anhaltende Regenfälle tun ein Übriges.

Am Tage des Angriffs stehen alle Gräben wieder unter Wasser. Trotzdem beschließt man, die Stadt zu stürmen: Am 27. August beginnt die Beschießung, am 31. August stürmen die Landknechtshaufen – diesmal tagsüber – die Tore. Einem Teil gelingt es, die Mauern zu ersteigen, doch bleiben am Ende die Täufer siegreich. In großer Verwirrung wird der Angriff abgebrochen.

3.000 Landsknechte mussten für den Bischof ihr Leben lassen. Und Franz von Waldeck kann sich glücklich schätzen, dass die Münsteraner – wie schon im Mai – nicht aus der Stadt herausbrechen und seine Truppen in alle Winde zerstreuen. Noch wollen die Täufer »wohl wehren, nicht rächen.«

Belagerung der Stadt Münster. Phantasiedarstellung. Holzschnitt von 1535.

# RACHE

Der große Sieg hat Münsters Täufer wohl endgültig verblendet. So interpretiert es jedenfalls das gängige Täuferbild. Denn nun kann sich unter ihnen ein Schneider zum König aufschwingen und Münster zum Ausgangsort seiner Weltherrschaft erklären. Die Münsteraner müssen durchgedreht sein.

Das genaue Gegenteil ist richtig. Das Königtum Jan van Leidens ist die angemessene Form, in der sich zunehmender Realismus bei Münsters Bürgern durchsetzt. Angesichts der verfahrenen Lage greift dieser Realismus freilich zu Mitteln, die uns heute höchst ungewöhnlich anmuten – wobei wir doch mindestens jenes gutadlige Vorurteil überdenken könnten, nach dem ein Handwerker als Staatsoberhaupt einen hinreichenden Beweis für Verrücktheit darstellt…

## Das Vorbild des Alten Bundes

Realismus also – inwiefern? Schon die Monate nach der Osterkrise haben eine gewisse Ernüchterung gebracht. Die Erlösung zum vorbestimmten Termin ist nicht eingetreten. Zwar hat Jan Bockelson damals die Situation gerettet und den Münsteranern eine neue Vision vor Augen gehalten. Doch die ist bisher reichlich nebulös geblieben: Münster soll als Vorbild für die Heiligung des Erdkreises dienen. Schön und gut. Seither hat man die inneren Verhältnisse gegen manche Widerstände vorbildlich gestaltet: Gütergemeinschaft, patriarchalische Mehrehe, alttestamentliche Ältesten-Verfassung.

Und jetzt? Wenige Wochen begeistert auf den Tag der Erlösung hin zu leben – das war etwas anderes. Wann aber kommt jetzt die Erlösung? Natürlich ist man redlich überzeugt, nach der wahren christlichen Lehre zu leben, und festen Willens, auf keinen Fall zum alten Aberglauben zurückzukehren. Doch die religiöse Erregung, die ekstatische Begeisterung, die damals alle erfüllte, hat sich abgekühlt. Prophet Bockelson ist zweifellos als geschickter, beredsamer und tatkräftiger Mann anerkannt, doch im Vergleich zum charismatischen Mathys mangelt es ihm an visionärem Feuer.

Die Prophetie, die direkte Offenbarung Gottes, war ja einst eine unentbehrliche Stütze der münsterschen Gemeinde, in einer Zeit, für die es keine Vorbilder oder Anweisungen der Heiligen Schrift gab. Doch diese Art der Offenbarung verliert an Bedeutung. Mittlerweile haben die Prediger der Täufer wieder festeren Boden unter den Füßen: das Alte Testament. Sind nicht die Münsteraner – in ihrem Bund mit Gott – die Nachfolger des Volkes Israel im Alten Bund? Über dieses Vorbild gibt es einiges in der Bibel zu studieren – es schlägt die Stunde der Schriftgelehrten: Bernhard Rothmann, der sich als Theologe seit Mathys‘ Auftreten praktisch abgemeldet hat, ist zurück – in diesem Herbst ergreift ihn geradezu eine wilde Publikationslust. Wie können Münsters Täufer das Vorbild Israel nutzen, um der Erlösung näher zu kommen?

Nicht nur im religiösen Leben wird eine Abkehr von spontan-irrationalen Eingebungen und eine Rückbesinnung auf Nachprüfbares spürbar. Auch die Stadtpolitik hält sich wieder stärker ans Diesseitige. Die vorbereitenden Abwehrkämpfe und dann die blutige Schlacht vom 31. August haben eines deutlich gemacht: Der große Sieg der Städtischen war diesmal kein bloßes Geschenk Gottes. Nicht nur infolge einer »wunderbaren Errettung« – also durch glückliche Umstände wie noch beim ersten Sturm, – sondern vor allem durch ihre eigenen Hände, durch aufopfernde Verteidigung und härtesten Kampf, kam der Erfolg zustande. Daran hatte zwar der Prophet, Jan Bockelson, besonderen Anteil, aber als handfester und umsichtiger Organisator.

Es klingt paradox: Gerade der glorreiche Sieg über den Bischof zwingt den Blick der Gläubigen Münsters vom Himmel auf die Erde zurück. Und was ihre Verteidigungs-Strategen da sehen müssen, ist eher deprimierend. Zwar ist Waldeck schwer abgeschlagen, doch noch immer stehen seine Truppen um die Stadt. Und diese Einkesselung ist auf Dauer tödlich. Die Antworten können nur heißen: Ausfall aus der Stadt oder Entsatz durch Bündnispartner von außerhalb – oder beides. So oder so – die Isolation der Stadt muss um jeden Preis durchbrochen, die Beschränkung auf die eigenen Mauern muss überwunden werden. Doch natürlich – ganz ohne Gottes Beistand kann dies nicht gelingen. Wird der Herr seinem auserwähltem Volk helfen?

Die Antwort auf beide Fragen – die religiöse wie die verteidigungspolitische – finden Münsters Täufer im Königtum des Alten Testaments. Wie einst unter König David, der Salomons Friedensreich mit dem Schwert vorbereitete, wird die Wiederkehr des Herrn geschehen: Ein neuer König David, so lesen sie bei den Propheten, wird den Boden für das Friedensreich des neuen Salomon, nämlich Christus, bereiten. Dieser David aber ist ausgerüstet mit dem »Schwert der Gerechtigkeit« und angetan mit glänzendem Harnisch »zum Rächen, mit Gottes Hilfe all das gottlose Wesen auszurotten«, wie Rothmann kurz darauf schreibt. Gottlose Wesen haben die Münsteraner ringsum vor Augen, das Schwert selber fest in den Händen, Gottes Hilfe gewiss – wer aber macht den David?

Wie die Einsetzung Jan van Leidens als »König auf dem Stuhle Davids« genau abgelaufen ist, wird in den Quellen unterschiedlich dargestellt. Als am besten abgesichert kann folgende Version gelten: Ein neuer Prophet – auch das ein Beleg für das fehlende prophetische Feuer Bockelsons – , der hinkende Goldschmied Johann Dusentschur aus Warendorf, erklärt auf einer Bürgerversammlung Jan van Leiden zum neuen König, lässt sich von den Ältesten ihre Schwerter, die Insignien ihres Amtes, übergeben und überreicht sie Jan. Im Volk scheint es einige Verwunderung über diese Wende gegeben zu haben, den Murrenden bestätigt König Jan, auch er selbst habe diese Offenbarung gehabt. Murren hat wohl auch wenig Sinn, denn die Spitzen der Stadt sind sich allem Anschein nach einig: Rothmann tritt auf und verliest eine fertige Liste von 135 Namen von Räten und Amtsträgern des königlichen Hofes.

Münsters Honoratioren und Gildebürger wahren ihren Status – sie besetzen wichtige Funktionen: Knipperdolling ist Stellvertreter und »Statthalter«, Tilbeck Hofmeister, Kippenbrock Kredenzmeister, Redeker und Reyninck Räte, Kruse oberster Hauptmann, um nur jene Namen zu nennen, die uns schon aus älteren Zeiten als führende Stadtbürger bekannt sind. Bernhard Rothmann ist als »Worthalter« oberster Theologe. Eine besondere Nettigkeit haben sich die Münsteraner Oberen für ihren Gegner ausgedacht: Franz von Waldecks unehelicher Sohn Christoph dient unter König Jan als Page.

An dieser Einsetzung und ihren Begleitumständen wird deutlich: Hier hat nicht ein Verrückter die Volksmassen verführt, hier hat auch kein Diktator die Macht an sich gerissen. Das Königtum beruht auf breitem Konsens in der täuferischen Führungsschicht Münsters. Das schließt erhebliche Meinungsverschiedenheiten innerhalb dieser Schicht, wie wir sehen werden, nicht aus. Doch als der Lage Münsters angemessene Regierungsform ist das davidische Königtum unumstritten. Es ist ein Programm, das Münsters Täufern – gestützt auf das Wort Gottes – die Durchbrechung ihrer bisherigen Isolation erlaubt, ja gebietet.

Das Königtum als Programm. Und der König? Zur Person Jan Bockelson gab es kaum eine Alternative. Bei allem Respekt vor Knipperdolling, Tilbeck, Redeker und den anderen stolzen Bürgern Münsters – zu einem von Gott berufenen biblischen König fehlt es ihnen dann doch ein wenig an Ausstrahlung. Da liegt die Wahl des bisherigen Propheten näher. Und es geht darum, eine Funktion zu übernehmen. Man könnte auch sagen: Eine

Rolle ist zu spielen – etwas, das Jan Bockelson aus früheren Tagen nicht ganz fremd sein kann. Jetzt freilich geht es um keine Gauklerkomödie. Gott selbst hat ihm seine Rolle vorgeschrieben. Es ist ein »Spiel« von heiligem und dann von blutigem Ernst.

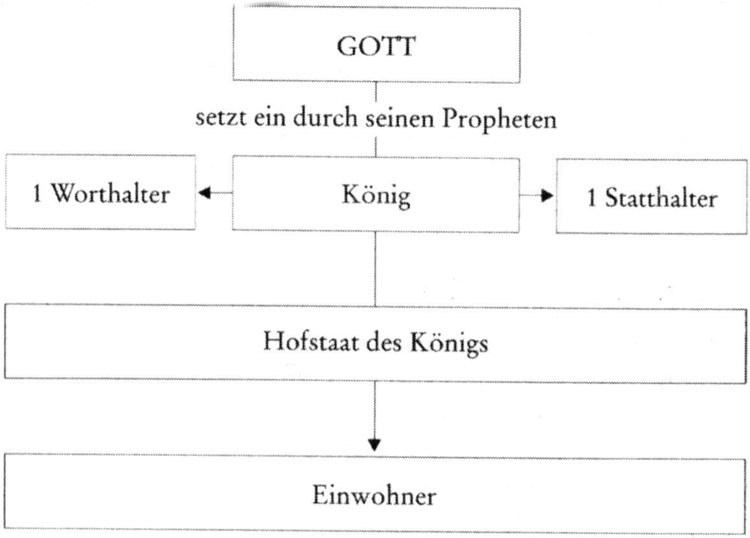


*Königsordnung*

Eine Fülle von Belegen zeigt, dass er oft Versuche unternommen hat, sich von seinem Amt zu distanzieren. Schon bei seiner Ernennung sagt er: »Ich wollte viel lieber ein Schweinehirte sein und wollte viel lieber den Pflug halten oder graben, als daß ich König sein soll. Was ich tue, das muß ich tun, wenn mich Gott dazu auserkoren hat.« Dem Statthalter Knipperdolling schreibt er später von seinem Wunsch, wieder als »Apostel« – also nicht einmal als »Prophet« – durch die Lande zu ziehen.

Mag daran viel Taktik gewesen sein – es bleibt der Eindruck, dass ihm seine Rolle sehr schwer geworden ist. Zwar gehört er selbst zur Schicht der münsterschen Täuferführung, doch zugleich ist er – bei aller Macht

– oft nur Figur in einem Stück, bei dem andere die Fäden ziehen. Seine Umgebung sieht das ähnlich: Einem Gesandten des hessischen Landgrafen bedeuten des Königs Räte, also die Creme der heimischen Stadtbürger, zwar sei wohl der König manchmal geneigt abzutreten, aber sie seien es, die »nicht zurückgehen möchten«.

Vorerst jedoch spielt Jan van Leiden seine Rolle buchstäblich glänzend. Er umgibt sich mit allem, was eben zu einem richtigen König gehört – eine Seite seines Amtes, die er zweifellos genossen haben wird. Seinen Palast richtet er im schönen Hof des ehemaligen Domherren Melchior von Büren am Domplatz ein, der jetzt »Berg Zion« genannt wird. Goldkronen werden gefertigt für ihn und seine Königin Divara, die ehemalige Gattin des Propheten Mathys. Er trägt Szepter, Siegelring – aus besonders hartem rheinischen Gold, damit er »durch das fortwährende Siegeln nicht abgenützt würde« – und eine Art Reichsapfel. Seine Auftritte inszeniert er hoch zu Ross mit Gefolge, begleitet von zwei Knaben, die Bibel und Schwert tragen. Der Hofstaat in – bislang verbotenem – modischem Schnitt tafelt des öfteren mit dem König, alle vier Wochen ist am Königshof Tanz.

Seine Funktion des »Königs auf Davids Stuhl« nimmt Jan van Leiden ausschließlich gegenüber den Täufern ein. Briefe und Botschaften, die an andere Adressaten gerichtet sind, werden stets mit der Angabe »Regenten und Gemeinde der Stadt Münster« gezeichnet. Trotzdem verbreitet sich die Kunde, ein Schneider sei nun König in Münster, rasch im Reich und sorgt für ungläubiges Staunen. Und ebenso schnell lesen die Gegner Münsters aus dem biblischen Vorhaben, alles Gottlose mit dem Schwert auszurotten, einen Anspruch auf »Weltherrschaft« heraus.

## Die Isolation durchbrechen!

Soweit sind die Münsteraner freilich noch nicht. Die Welt, die sie erobern wollen, erstreckt sich im Moment auf einen Umkreis von gerade einmal 50 Kilometern: bis Soest im Süden, Osnabrück im Norden, Coesfeld im Westen und Warendorf im Osten. In diese Städte wollen sie »Apostel« aussenden, um sie zur wahren Lehre zu bekehren.

Dieses Vorhaben ist freilich nur die »kleine« Variante eines »großen« Feldzuges. Münsters Täuferführung ist sich untereinander offenbar nicht einig. Einige – Knipperdolling an ihrer Spitze – befürworten vehement einen baldigen »Auszug« aus der Stadt, was bedeuten soll, den ausgedünnten Belagerungsring der demoralisierten Bischofstruppen zu durchbrechen und ihnen den Rest zu geben. Ein längeres Verharren in der Stadt erscheint diesen Bürgern als sicherer Weg in den Untergang. Auch Rothmann scheint in diesem Sinne zu plädieren. Noch im Dezember schreibt er den Zaudernden ins Stammbuch: »Denn wenn ihr freimütig und willig verlaßt, werdet ihr nicht verlorengehen. Aber wollt ihr behalten und nicht wagen, so müßt ihr doch verlassen und werdet verlorengehen.« Andere, die den König auf ihrer Seite haben, halten einen Ausfall für zu riskant. Sie setzen auf Unterstützung von außen und plädieren zunächst für die Aussendung von Aposteln in die genannten Städte. Dabei handelt es sich sozusagen um den Export des Erfolgsmodells Münster: So wie Münster einst »nur durch Predigen eingenommen« worden sei, müsste das auch in anderen Städten zu schaffen sein. In ihrem Gottvertrauen übersehen die Anhänger dieser Variante freilich jene einmaligen Bedingungen, die den Erfolg des Täufertums in Münster – und nur in Münster – ermöglichten. Das ist ihnen kaum übelzunehmen: Bis heute werden diesem Problem schließlich Unmengen bedruckten Papiers gewidmet – unter anderem das vorliegende Buch. Das Kalkül ist hingegen klar: Bekehren sich diese Städte zum wahren Glauben und erheben sie sich, wird Waldeck die Umklammerung Münsters aufgeben müssen.

Der Kampf um die richtige Entscheidung wird nicht nur in internen Diskussionen der Täuferführung, sondern auch öffentlich ausgetragen. Hier allerdings in einer besonders interessanten Form: Er wird fast als Schauspiel in Szene gesetzt. Mehrfach macht Knipperdolling dem König dabei klar, an welch dünnem Faden dessen Macht hängt.

Als Jan van Leiden eines Tages wie üblich auf seinem seidenbehangenen Thron vor dem Rathaus hofhält, versetzt sein Stellvertreter sich plötzlich in die Rolle des Hofnarren: »Herr König, das ist mir so über Nacht angekommen: Ich soll Dein Narr sein.« Nachdem er sich mit einigen Faxen gebührend ausgewiesen hat, geht er zu dem über, was Narren bekanntlich verkünden: zur Wahrheit, seiner Wahrheit. Er greift sich die Hellebarde eines königlichen Leibwächters, legt sie über die Schulter und sagt zum König: »Siehst Du wohl, Herr König, so wollen wir gehen, wenn wir ausziehen in unseren Reihen und wollen die Gottlosen strafen.« Er ruft mehrere Bewaffnete auf, ihm zu folgen: »So wollen wir durch die Welt hingehen und wollen die Gottlosen strafen.«

Der Plan eines massiven Ausfalls stößt wohl auch auf Bedenken des Fußvolks. Knipperdolling ereifert sich gegenüber einem Krämer: »Den Kram willst Du nicht verlassen. Da sitzest Du drauf und brütest, als ob Du da wolltest Junge draus kriegen. Der Kram ist Dein Gott. Den mußt Du verlassen, willst Du heilig sein.«

Das bessere Ende hat die andere Fraktion für sich. Die Entscheidung wird wiederum groß in Szene gesetzt. Am 13. Oktober beruft der neuerliche Prophet Dusentschur eine Versammlung auf dem »Berg Zion« ein. Dort sollen sich auf göttliche Weisung alle Einwohner einfinden, gerüstet und bepackt zum Auszug aus der Stadt. Zu welch dilettantischen Mitteln die Prophetie in Münster mittlerweile greift, mag die Art erhellen, wie Dusentschur die angekündigte »Posaune des Herrn« realisiert: Er selbst läuft trompeteblasend in aller Frühe durch die Straßen.

Das Widerstreben im Volk gegen einen Auszug scheint überwunden – tatsächlich versammeln sich »alle, die gehen konnten«. Dann aber geht es doch nicht gegen den Feind. Es werden zunächst nur eine Musterung und ein Manöver abgehalten, erst am nächsten Tag soll es losgehen.

Der Test verläuft jedoch offenbar so unbefriedigend – vor allem die Reiterei ist schwach, viele Pferde sind bereits geschlachtet worden, – dass sich die Gegner eines sofortigen militärischen Ausfalls durchsetzen können. Am nächsten Tag wird zunächst ein »Großes Abendmahl« abgehalten, bei dem König Jan und Königin Divara die Tafelgäste bedienen. Anschließend verkündet Jan seinen Rücktritt und eröffnet den Bürgern, das mit dem Auszug sei mehr als Probe gedacht gewesen.

Stattdessen werden nun 28 Apostel aufgerufen: Sie sollen die erwähnte Missionierung der Städte durchführen. Welch große Hoffnungen die münstersche Täuferführung auf diese Maßnahme setzt, zeigt die Tatsache, dass unter den Ausgesandten fast alle prominenten Prediger der Stadt sind, vor allem die Wassenberger Vinne, Strahlen und Klopriß, aber auch Slachtschaf und der Prophet Dusentschur. Nur Rothmann bleibt als oberster Theologe der Gemeinde in Münster.

Die Erleichterung vieler Bürger über diese glückliche Wendung der Dinge – man bleibt im Schutz der Mauern – mag recht groß gewesen sein. Jedenfalls löst sich alles in Wohlgefallen auf. Als letzten Liebesdienst setzt Dusentschur Jan wieder in sein Königsamt. Dann verlässt er mit den anderen Aposteln die Stadt – und mit ihm die Prophetie: Sein Auftritt ist das letzte Vorkommnis, bei dem direkte »Offenbarung« noch einmal eine gewisse Rolle bei einer Entscheidung der Täufer spielt.

Stattdessen tritt Bernhard Rothmann wieder als theologischer Schriftsteller in Erscheinung. In diesen Tagen vollendet er sein Hauptwerk »Restitution rechter und gesunder christlicher Lehre«. Hier weist er in 18 Kapiteln nach, dass das Täuferreich zu Münster die wahre Restitution der Herrschaft Christi auf Erden sei. Es ist deutlich zu spüren: Endlich hat er wieder Boden unter den Füßen. Gestützt auf Altes und Neues Testament entwickelt er ein geschlossenes Geschichtsbild: Gottes Schöpfung ist immer wieder durch den Abfall der Menschen verdorben und dann jeweils durch eine »Restitution« wieder neu aufgerichtet worden. Die endgültige Restitution findet jetzt statt, in Münster. Das beweist das heilige und schriftgemäße Leben der Gemeinde, welches er ausführlich schildert und begründet. Diese Schrift – wie auch der etwas später entstandene »Tröstliche Bericht von der Rache« – erscheint den Täufern so überzeugungskräftig, dass sie davon mehrere Auflagen drucken und diese fortan ihren Sendboten zur Verbreitung aushändigen.

Doch der Mangel an schriftlichem Material ist es nicht, der die Mission der soeben erst ausgesandten Apostel in allen vier Städten katastrophal scheitern lässt. Ihr Vorgehen ist an naiver Zuversicht kaum zu überbieten: Überall stimmen sie zunächst in bewährter Weise den Bußruf auf den Straßen an, um sich sodann, wie in Soest, schnurstracks zum Rat zu begeben und die Bekehrung der Stadt zu fordern – andernfalls werde Gott die Stadt versinken lassen und in höllischem Feuer verbrennen. Überall werden sie festgenommen und binnen kurzem hingerichtet, nur in Warendorf – wo Klopriß und Strahlen auftreten – muss der Bischof erst mit seinen Truppen drohen, bevor die Stadt nachgibt und die Apostel ausliefert. Deren Aussagen im Verhör entnehmen wir im übrigen die aktuelle Bevölkerungszahl Münsters: 1.600 bis 2.000 wehrhafte Männer, etwa 6.000 Frauen. Nur einer von achtundzwanzig Ausgesandten, der Schulmeister Heinrich Graes aus Borken, rettet seinen Hals, indem er sich dem Bischof als Spion anbietet.

Der Plan, die münstersche Reformation zu exportieren und so für eigene Entlastung zu sorgen, ist gescheitert. Die Bedingungen, die in Münster das Täufertum begünstigt hatten, waren eben nicht übertragbar. Und nicht zuletzt hatte der münstersche Erfolg ja dafür gesorgt, dass viele Anhänger im Umland bereits nach Münster gezogen waren und so als Unterstützer der Mission fehlten.

## Es gibt kein Zurück

In Münster löst die Nachricht vom Schicksal der Apostel tiefe Niedergeschlagenheit aus. Wohl in diese Zeit fällt ein schwerer Streit zwischen Jan van Leiden und Knipperdolling. Knipperdolling zweifelt öffentlich die Befähigung Bockelsons an. Er setzt sich auf den Thron des Königs und ruft: »Ich sollte von Rechts wegen König sein. Ich habe Dich zu einem König gemacht.« Neben der Politik Jan van Leidens zweifelt er auch einige Aussagen der Prediger an. Jan van Leiden erklärt seinen Stellvertreter für vorübergehend unzurechnungsfähig und lässt ihn einsperren. Hinter Gittern kommt Knipperdolling bald wieder zur Besinnung: Welche Alternativen gäbe es jetzt auch noch?

König Jan tut alles, um den Bruch zu kitten, und schreibt ihm einen sehr persönlichen, tröstenden Brief. Darin erinnert er ihn, in Klartext übersetzt, daran, dass sie beide ihre Aufgabe haben und die auch erfüllen müssen. Man müsse eben – trotz aller Prüfungen – durchhalten, Gottes Lohn sei gewiss. Knipperdolling scheint dies eingesehen zu haben: Er kehrt ohne Murren in sein Amt zurück.

Als theologische Antwort auf die Hinrichtung der Apostel verfasst Bernhard Rothmann seinen erwähnten »Bericht von der Rache«. Hier formuliert er in aller Schärfe das Programm, das mit dem Königtum Davids verbunden ist: »Wer verstehen kann, der verstehe und stelle sich unter das Panier göttlicher Gerechtigkeit. Denn Gott ist aufgestanden, sich zu rächen an seinen Feinden. Wer Gottes Diener sein will, der rüste sich mit diesem Sinn und Mut. Die Zeit ist gerade jetzt da.« »Darum liebe Brüder, rüstet Euch zum Streit, nicht allein mit den demütigen Waffen der Apostel zum Leiden, sondern auch mit dem herrlichen Harnisch Davids zum Rächen.« Nur ist der Zeitpunkt des Losschlagens unbestimmt – noch will man auf einen Wink Gottes warten: »Obgleich wir wissen, daß die Zeit der Rache da ist, so werden wir sie doch nicht in Angriff nehmen, es sei denn, Gott der Allmächtige gibt uns eine sichere Gewißheit, daß es sein wohlgefälliger Wille ist.«

Gleichzeitig versuchen Münsters Stadtpolitiker auch taktisch vorzugehen. Einmal abgesehen von der Fehleinschätzung der Apostel-Mission haben sie sich stets, bei aller Gläubigkeit, den Sinn für Realitäten erhalten. Selbst bei jener Errettung der Stadt im Februar haben ja nicht alle Täufer am Markt nur um Himmelszeichen gebetet – einige haben auch verhandelt. Und zwar erfolgreich.

Die Lage ist schlecht, aber nicht gänzlich hoffnungslos. Dem Bischof Franz von Waldeck fällt im Moment auch nicht sehr viel ein. Er hat seine arg gerupften Truppen zwar in befestigten Blockhäusern um die Stadt stationiert. Doch weiß er nicht so recht, wie er der Stadt beikommen soll – die Verhandlungen mit den Fürstenkollegen und den Reichskreisen verlaufen zäh, die Belagerung kostet Geld, für das sich Waldeck auf Jahrzehnte verschulden muss. Neuerdings hat Waldeck einen diplomatischen Erfolg errungen: Der protestantische Kurfürst von Sachsen steht auf seiner Seite. Der nämlich hatte sich bislang aus Empörung über die Hinrichtung von der Wiecks und anderer Lutheraner auf all seine Hilfeersuchen taub gestellt. Erst als es Waldeck gelingt, die gescheiterte Apostelmission als versuchte Welteroberung zu verkaufen, beschließen protestantische wie katholische Fürsten, ihre konfessionellen Gegensätze beiseite zu lassen. Doch noch immer schrecken die finanziellen Belastungen – vielleicht lässt sich eine kostengünstigere Lösung finden?

Anfang November erscheint – mit Rückendeckung aller beteiligten Fürs-

ten – ein Unterhändler des Landgrafen Philipp vor der Stadt. Ein Mann, den die Münsteraner gut kennen: Theo Fabricius, der einst als Prediger das Luthertum der Stadt festigen sollte. Ob er diesmal mehr Erfolg hat? Die Bürger lassen ihn ein, er wird vom König empfangen und beginnt zu verhandeln. Zunächst fordert er die Übergabe der Stadt – die Belagerung werde sich verstärken. Das lehnen die Münsteraner ab. Dann versucht es Fabricius anders: Wenn die Münsteraner von Königtum und Vielweiberei abständen sowie die geflüchteten Bürger wieder hereinließen, dann könnte »der Handel eine gute Wendung nehmen«. Auch das wird abgelehnt, doch Fabricius wird zum Bleiben über Nacht aufgefordert. Man zeigt ihm selbstbewusst »alle Wehr« und bekräftigt die alte Losung der reformierten Gildebürger: Bevor sie zum Papsttum zurückkehrten, »wollten sie eher das Kind im Mutterleib essen und alle sterben«.
In dieser martialischen Aussage steckt aber ein Verhandlungsangebot. Die königlichen Räte, also Münsters Stadtbürger, nehmen Fabricius beiseite und klären ihn auf: Das Königtum ist nicht das Problem – wir sind es, die nicht zurückwollen! Und dann: »Wenn ein weltlicher Fürst sie belagerte, möchte wohl etwas verhandelt werden. Dem Bischof und Stift Münster aber solle die Stadt mitnichten wieder unterworfen werden.« Fabricius reist mit solcher Kunde ab. Doch Philipp von Hessen lässt diese versteckte Offerte der Münsteraner kalt – längst geht es ihm nicht mehr um konfessionellen Streit.

## Die letzte Hoffnung

Noch haben Münsters Täufer ein Eisen im Feuer, ein letztes: In den Niederlanden hängen immer noch sehr viele Menschen dem Täufertum an.

Dort könnte sich ein Entsatzheer bilden, das im Zusammenspiel mit den Verteidigern Münsters die feindliche Streitmacht zerschlägt. König Jan fasst neue Zuversicht: Er verkündet die Erlösung für Ostern 1535. Ostern? Das klingt den Münsteranern vertraut. Doch wie matt wirkt dieses Versprechen im Vergleich zur Verheißung des Mathys vom Jahr zuvor! Am Neujahrstag werden neue Sendboten ausgeschickt, nach Friesland, andere über Wesel und Deventer nach Holland, ausgestattet mit den Schriften Rothmanns und dem dringenden Appell an die Glaubensbrüder, der bedrängten münsterschen Gemeinde zu Hilfe zu eilen. Die Werbeaktion ist jetzt sehr viel besser organisiert als die unbedarfte Aussendung der Apostel. Und tatsächlich – es sammeln sich wieder Unterstützer. Anders als beim letzten Mal, als sie sich widerstandslos auseinandertreiben und abschlachten ließen, sind die niederländischen Täufer jetzt bewaffnet und militärisch eingestellt. Doch sind sie den Fürstensoldaten an Kampfkraft unterlegen. Im Januar 1535 vernichtet der Herzog von Geldern etwa tausend bewaffnete Täufer auf dem Weg nach Münster. In Münster aber wird die Hoffnung auf Entsatz durch »friesische und holländische Brüder« bis Ostern immer wieder aufleben.

Inzwischen sind die vereinigten Fürsten dabei, Nägel mit Köpfen zu machen. Schon vom 5. bis 8. November haben sie ein Treffen in Essen abgehalten. Anwesend sind der Herzog Johann von Kleve und der Erzbischof von Köln mit ihren Räten und – einen Tag später als die andern – Bischof Franz von Waldeck. In Abwesenheit Waldecks beschließen die Fürsten, die Belagerung noch einige Monate finanziell zu stützen und das Stift, falls der Bischof es trotzdem nicht halten könne, selbst zu führen. Waldeck wird am nächsten Tag mitgeteilt, dass man die Hälfte der Kosten für eine Zeit übernehmen wolle, ein weiteres Viertel würde Sachsen tragen. Gemeinsam beschließen die Fürsten, die Blockhäuser mit Wall und Graben zu verbinden. Von Waldeck verspricht abermals, sein Stift nicht in fremde, das heißt, habsburgische Hände zu geben.

Auf dem Kreistag am 13. Dezember in Koblenz einigen sich die drei benachbarten Reichskreise auf folgende Maßnahmen: Die Kosten des Krieges gegen Münster werden vom Februar 1535 an für sechs Monate übernommen – 15.000 Gulden monatlich. Graf Wirich von Daun soll den Oberbefehl erhalten, er wird am 10. Januar seinen Posten antreten. Die Strategie, zwischen den Blockhäusern einen Graben anzulegen, durch den Münster vollends abgeschlossen werden soll, wird bekräftigt. Wenn Münster im Sturm nicht zu nehmen ist, muss es eben ausgehungert werden.

Der Proviant wird ohnehin immer knapper, die Stimmung in der Stadt düsterer. Der »Artikelbrief« der Regierung vom 2. Januar 1535, unterzeichnet vom König, liest sich wie eine Militärordnung. In einem Punkt wird allerdings auch für das geistliche Leben Vorsorge getroffen: die Prophetie, also der Anspruch, direkt Gottes Offenbarung zu verkünden, ist jetzt praktisch verboten. Falsche Propheten, das heißt solche, die sich vor den Predigern nicht rechtfertigen können, werden getötet. Unkontrollierte Ausbrüche können in der abgeriegelten Stadt nicht mehr geduldet werden.

Als Nahrungsmittel dienen – nachdem die Pferde geschlachtet sind und die Kuhherde für die Milchversorgung unersetzlich ist – zunehmend Katzen, Hunde und Mäuse. Das Roggenmehl wird schon seit geraumer Zeit mit Gerste verlängert.

Die Schlinge zieht sich noch enger zu. Am 11. Februar 1535 beginnen die Belagerungstruppen mit den Arbeiten am beschlossenen Verbindungsgraben, die jedoch wegen der Witterung nicht recht voran gehen wollen. Wieder werden die Bauern des Stifts herbeibefohlen. Sie sollen diese »neue Graft« ausschachten – eine Schanze aus Wall und Graben, verstärkt mit Hecken und Palisaden. Es erscheint bei weitem nicht die geforderte Zahl Arbeiter, weil sich viele Adelige weigern, ihre Leute freizugeben.

Erst auf die Nachricht hin, dass die Münsteraner einen Ausfall planen, beeilt man sich, die Graft fertigzustellen. Eine weitere Kunde drängt zur Eile: Im März erheben sich wiederum niederländische Täufer. Eine

Schar von 800 erobert das Oldenskloster bei Sneek und kann es acht Tage verteidigen. Das Versprechen Jan van Leidens, dass Münster zu Ostern befreit werden würde, war also kein Hirngespinst. Doch mangelte es den täuferischen Entsatzheeren an geeigneten militärischen Führen und an guter Bewaffnung.

So vergeht auch ein zweites Osterfest, das des Jahres 1535, ohne den Münsteranern die versprochene Erlösung zu bringen. Die letzten Hoffnungen sind erstickt. Eine Wagenburg, d.h. mehrere Wagen zusammengekoppelt und schwer bestückt mit Gewehren und Geschützen, war vorbereitet worden, um einem Entsatzheer entgegenstoßen zu können. Doch zu einem Ausfall ist es viel zu spät.

Schon vorher hat die Nachricht vom Verrat des »Apostels« Heinrich Graes die Stimmung gelähmt: Graes hatte sich nach seiner Freilassung durch den Bischof das Vertrauen der münsterschen Täuferführung erschwindelt. Mit 200 Gulden und einem Sendschreiben war er nach Wesel gereist, wo eine täuferische Gemeinde existierte. Statt diese aber zur Unterstützung Münsters zu bewegen, lieferte er sie den fürstlichen Häschern ans Messer. Ein von Gott auserwählter Apostel! Enttäuschung und Misstrauen breiten sich aus. Es mehren sich die von Bockelson verhängte Todesurteile.

Längst sind die letzten Lücken des befestigten Grabens um die Stadt geschlossen. Eine Gruppe von Alten, Frauen und Kindern, halbverhungert aus der Stadt gelassen, vegetiert im Niemandsland zwischen Stadtmauer und Belagerungsring. Die Bischöflichen töten die Männer und überlassen den Rest seinem Schicksal.

So erstickt die Erhebung der täuferischen Stadt Münster, die so stolz und schwungvoll begonnen hatte, allmählich im bleiernen Würgegriff der vereinigten Fürsten. Ein halbes Jahr nach dem großen Sieg über die bischöflichen Belagerer naht das Ende. Noch immer gibt die Stadt nicht auf.

## Dem Ende entgegen

Die täuferischen Bürger schwören sich gegenseitig Treue bis in den Tod. Gelegentlich gibt es Zeugnisse von großem Kampfesmut: im April noch verlieren die Belagerer zwei hohe Offiziere. Am 3. Mai wird die Stadtobrigkeit ein letztes Mal reorganisiert: Nur noch auf das Halten der Wälle ausgerichtet, bestimmt der König zwölf Herzöge, die für bestimmte Abschnitte zuständig sind, feierlich ihr Ausharren beschwören müssen und dafür zur Belohnung je einen Teil des Reiches versprochen bekommen.

Am 10. Mai antworten die Täufer auf eine Kapitulations-Aufforderung des Oberbefehlshabers Graf Daun. In ihrem Schreiben erkennen wir die Handschrift Rothmanns, der vor kurzem bei einem Scharmützel angeschossen worden ist: Wenn man ihnen vorwerfe, von Papst und Reich abgefallen zu sein, »ja, so bekennen wir fröhlich, davon sind wir abgewichen und haben uns darin auf die Lehre und das Wort Christi mit festem Glauben taufen lassen, da wir lieber von denen gehaßt, verfolgt und ermordet werden, als mit ihrem Handeln und greulichem, gottlosen Wesen Gemeinschaft halten wollen.«

Die Münsteraner fordern: »Überzeugt uns nach christlichem Recht… Alsdann erbieten wir uns willig zu gebührlichem Wandel und Buße. Solange wir aber mit unbewiesener Schuld unversehens überfallen werden«, werde sich Münster niemandem freiwillig ergeben. Niemand hat Münsters Reformator theologisch widerlegen können – es ist das alte, stolze Thema Bernhard Rothmanns.

Ein letztes Mal noch hören wir es am 2. Juni: Die Münsteraner fordern »christliches Recht«, nämlich »rechtes Gehör« und dass sie »mit der Wahrheit von jemand besser berichtet werden möchten«. Wenn dies aber nicht geschehe, so seien sie gesinnt, »unverzagt bei der Wahrheit, die durch Gottes Gnade bei uns ist, beständig bis in den Tod zu bleiben«.

Graf Daun hat angekündigt, dass nunmehr alle Flüchtlinge, die vor einer Kapitulation die Stadt verlassen, als »Feinde« behandelt werden. Die Münsteraner entgegnen, dass sie niemanden aus der Stadt senden, aber keinen Flüchtling aufhalten. Nur Flucht mit Proviant oder Geld wird weiterhin als Desertion mit dem Tode bestraft, desgleichen Meuterei, also Kritik an der Obrigkeit. Das führt sogar zur Hinrichtung einer der Frauen des Königs, die Jan van Leiden am 12. Juni eigenhändig vornimmt.

Und doch besiegeln Flüchtlinge das Schicksal der Stadt. Zwei Überläufer, Heinrich Gresbeck und Hans von der Langenstrate, berichten dem Bischof von den Schwachpunkten der städtischen Festungsanlagen. Da sich bei den Belagerungstruppen schlechte Stimmung breitmacht – seit zwei Monaten steht der Sold aus, wird ein Überraschungscoup beschlossen.

## Ein blutiger Sieg

Unter Führung der beiden Überläufer gelingt es bischöflichen Kriegsknechten in der Nacht vom 24. auf den 25. Juni 1535 in die Stadt einzudringen. Auch diese Aktion will nicht ohne Pannen über die Bühne gehen. Heinrich Gresbeck, der schwimmen kann, überquert den Graben und zieht auf der Gegenseite eine Brücke an Land, über die erste Söldner folgen. Gresbeck gelingt es, ihnen das Kreuztor zu öffnen. Die ersten vierzig oder fünfzig Männer schleichen in die Festung und schlagen die schlafenden Wachen tot. Unter den Nachrückenden bricht die Brücke zusammen, und nur mühselig gelingt es weiteren 400 Knechten einzudringen. In der inzwischen gewarnten Stadt stoßen sie jedoch auf unerwarteten Widerstand. Die ganze Nacht über toben die Straßenkämpfe. Außerdem bleibt die Verstärkung aus: Der Rest der Truppen – an die 3.000 Mann – steht vor verschlossenen Türen. Den Täufern ist es nach Entdeckung des Überfalls geglückt, das Tor wieder zu schließen – vielleicht war es aber auch die Vorhut selbst, in der Meinung, leichte Beute machen zu können.

Jedenfalls hätten die Eindringlinge mindestens ein Tor besetzen müssen, anstatt beutegierig sofort die Wälle zu verlassen.

Erst gegen Morgen gelingt es einem Teil der Truppen, das Jüdefelder Tor zu öffnen und den Hauptteil einzulassen. Die letzten 300 verzweifelten Verteidiger haben sich in ihre Wagenburg auf den Domplatz zurückgezogen, die übrigen werden auf den Straßen zum Freiwild der bischöflichen Söldner. Unter Zusicherung freien Geleits legen schließlich die Männer auf dem Domplatz die Waffen nieder.

Der Führer dieses Häufleins ist Heinrich Krechting, Kanzler des Königs. Er wird vom bischöflichen Feldherrn Johann von Raesfeld erkannt und um alter Freundschaft willen aus der Stadt geleitet. 24 Täufer ziehen mit ihm. Es sind vielleicht die einzigen überlebenden männlichen Täufer.

Alle übrigen werden in den folgenden Tagen von den Landsknechten in ihren Häusern aufgespürt und totgeschlagen, bis der Oberbefehlshaber Graf Daun am 27. Juni befiehlt, das wahllose Gemetzel einzustellen. Die Überlebenden bringt man zum Domplatz. Dort werden sie abgeurteilt und ordentlich hingerichtet. Insgesamt finden dabei 600 Täufer den Tod, unter ihnen Hermann Tilbeck und Gerd Kippenbrock.

Gefangen sind Jan van Leiden, Bernd Krechting, Christian Kerckerinck, Gerlach van Wullen und Bernd Knipperdolling. Letzterer hatte sich noch auf dem Dachboden eines Hauses verbergen können, sein Versteck war aber von einer Frau verraten worden.

Bernhard Rothmann fehlt. Obwohl die Bischöflichen fieberhaft nach ihm fahnden und ihn auch unter den Erschlagenen suchen – er wird nie gefunden werden. Mehr als 30 Jahre lang hält sich das Gerücht, der münstersche Reformator sei noch am Leben. Angeblich sei er in Rostock gesehen worden. Im Herbst 1537 wird in Wismar ein Mann verhaftet, den man für

Rothmann hält. Er ist es nicht. Die Haftentschädigung muss die münstersche Stadtkasse zahlen.

Am 29. Juni hält Fürstbischof Franz von Waldeck Einzug in das besiegte Münster. Leichen pflastern die Straßen. Er hatte beschlossen, an der Stadt ein Exempel zu statuieren. So verfährt er jetzt auch mit den Gefangenen. Am 7. Juli lässt er die Köngin Divara und andere Täuferinnen, die nicht abschwören wollen, hinrichten, am 27. Juli seinen »Schwiegervater« Kerckerinck. Der Adlige van Wullen wird, nachdem er bereut, mit Rücksicht auf seine Herkunft begnadigt.

Für die drei wichtigsten Gefangenen, Knipperdolling, Krechting und Jan van Leiden hat Waldeck sich etwas Besonderes ausgedacht. Ein halbes Jahr schleift er die drei durch sein Stift – sie sollen überall als abschreckendes Beispiel dienen. In verschiedenen Verhören mit und ohne Folter werden sie nach ihren Vergehen befragt. Sie bleiben bei ihren Überzeugungen. Knipperdolling, der Kaufmann, sieht im Nachhinein die Vernichtung der Siegel und Privilegien als Unrecht an, aber von seiner christlichen Gesinnung macht er keine Abstriche. Bockelson bietet an, in der Frage der Kindertaufe auf täuferisch Gesinnte mäßigend einzuwirken. Doch in allen anderen wesentlichen Glaubensfragen bleiben die drei standhaft.

In Wolbeck werden sie am 6. Januar 1536 zum Tode verurteilt. Die Hinrichtung mittels glühender Zangen und Eisen erfolgt am 22. Januar auf dem Markt zu Münster. Nach vier Stunden sind sie tot. Ihre zerfetzten Körper werden in eisernen Körben am Turm der Lambertikirche – jener Kirche, in der die Reformation in Münster begann – aufgehängt, »daß sie allen unruhigen Geistern zur Warnung und zum Schrecken dienten, daß sie nicht etwas Ähnliches in Zukunft versuchten oder wagten«.

So warnt Franz von Waldeck seine Untertanen vor Aufruhr und Unbotmäßigkeit. In Fragen des rechten christlichen Glaubens hingegen lässt er mit sich handeln. Gern möchte er dem Beispiel anderer Fürsten folgen und eine gemäßigte Reformation einführen. Das würde ihm wenigstens das geldgierige Domkapitel vom Hals schaffen. Doch seine Landstände, insbesondere der Adel, sowie seine katholischen Nachbarfürsten wehren sich dagegen mit Händen und Füßen. Er muss den katholischen Glauben in der Stadt restituieren.

## Was bleibt

Die Stadt Münster selbst bekommt am 30. April 1536 eine Satzung, die ihre alten Rechte abschafft. Der Rat wird nicht mehr gewählt, sondern vom Bischof auf Lebenszeit ernannt. Hierbei kann er sich auf die zurückgekehrten Erbmänner und altgläubigen Honoratioren stützen. Die Gilden, jener Hort des Widerstands der selbstbewussten Stadtbürger, werden verboten. Nur langsam erholt sich die Stadt von der schweren Niederlage ihres Selbstbehauptungswillens. 1541 erhält sie ihre Privilegien zurück, erst 1553 werden Gilden und Ratswahl wieder zugelassen. Der Kampf der Stadt gegen ihren Landesfürsten, begonnen im Jahrhundert zuvor, dann unter den Vorzeichen des Täufertums fortgesetzt, wird erst im nächsten Jahrhundert endgültig entschieden: Erneut wird ein Bischof von Münster seine eigene Stadt beschießen. Münster wird dann, wie die meisten deutschen Städte, endgültig einem fürstlichen Territorium einverleibt.

Und das Täufertum? Wie viele Täufer es nach der Niederwerfung Münsters noch im Münsterland gibt, ist schwer festzustellen. Die meisten halten sich verborgen. Bis 1550 werden 73 Männer und 25 Frauen wegen Täuferei hingerichtet, 38 Männer und 16 Frauen begnadigt man. Die Werbeaktionen der wenigen münsterschen Überlebenden können nach der Niederlage nicht mehr erfolgreich sein. Das Schicksal Münsters mahnt eindringlich davor, täuferischen Gemeinden beizutreten. Der Schwerpunkt verlagert sich in die Niederlande, wo sich nach der Erfahrung der münsterschen Gemeinde der größte Teil der täuferisch Gesinnten von der melchioritischen Richtung abwendet. Nach der Lehre des friesischen Predigers Menno Simons wollen sie fortan – als »Mennoniten« – nur noch friedlich und zurückgezogen ihren religiösen Idealen leben.

Doch die Freisinnigkeit des Täufertums, der »doopsgezinden«, und anderer radikaler Gruppen der Reformation wirkt fort: Sie bildet einen wichtigen Nährstoff für das stolze Bürgertum des »Golden Eeuw«, des goldenen 17. Jahrhunderts der Niederlande. Und während Münster zur fürstbischöflichen Residenzstadt verkümmert, formulieren Nachkommen jener im alten Europa verfolgten Sekten das erste Dokument der modernen Menschenrechte – die amerikanische Unabhängigkeitserklärung.

Musste das täuferische Münster also scheitern, weil es seiner Zeit voraus war? Kam Münster zu früh? Vielleicht. Aber dieses „zu früh“ lässt sich als eine Geschichte des Zuspätkommens begreifen. Viele kleine Verspätungen:

Zu spät bequemen sich im Sommer 1532 die katholischen Theologen zu einer Antwort auf die Lehre Rothmanns – wenn ihre Erfolgsaussichten auch gering waren, versäumen sie doch, die beginnende religiöse Radikalisierung ernsthaft zu verhindern.

Auch die Reformierten verspäten sich. Als sie ihren münsterschen Zweig zu weiteren Debatten einladen, kann Münsters Reformator Rothmann im Januar 1533 nicht mehr aus der Stadt – der Bischof hat bereits beschlossen, ein Exempel zu statuieren.

Und wer weiß, wie die Entwicklung in und um Münster verlaufen wäre, wenn Münsters Täufer im September 1534 rechtzeitig die Chance zu einem militärischen Ausfall ergriffen hätten?

Des Münsterischē
Königreichs vnd Widertauffs
an vnnd abgang/ Blůthandel vnnd End/ Auff Sambstag nach Sebastiani. Anno M.D.XXXvj.
¶ Ein gedechtnuß wirdig Histori.

Flugschrift von 1536.

Doch all diese kleinen Verspätungen resultieren aus einem wichtigeren „zu spät“. Die Reformation in Münster, und mit ihr verbunden die städtische wie bürgerliche Emanzipation gegenüber dem bischöflichen Landesherrn, verpasst insgesamt um ein weniges den Anschluss.

Beim ersten Versuch 1525 steckengeblieben, stauen sich Aufbegehren und antiklerikaler Impuls, bis sie im zweiten Anlauf mit um so größerer Entschlossenheit hervorbrechen. Doch dann – im entscheidenden Moment – findet die Stadt keinen Rückhalt: Das energische Unabhängigkeitsstreben ihrer Bürger stößt bei den lutherisch-reformierten Kräften des Reichs auf ein Kirchenverständnis, das sich bereits zur obrigkeitlichen »Fürsten-Reformation« verfestigt hat. Ohne Rückhalt gegenüber dem mächtigen Landesherrn aber bleibt Münster nur der Weg in Isolation, Radikalisierung und Niederlage – der Weg des militanten Täufertums.

# ZEITTAFEL

**Vorgeschichte**

1517 Luther veröffentlicht seine 95 Thesen über Buße und Ablass.

1521 Das Wormser Edikt verhängt über Luther und seine Anhänger die Reichsacht und verbietet Lektüre und Verbreitung seiner Schriften.

1523 Reformation in Herford.

1524 Reformation in Lippstadt und Lemgo.

1524/15 In Süd- und Mitteldeutschland erheben sich die Bauern. Es kommt zum »Großen deutschen Bauernkrieg«.

1525 In Zürich gründet sich die erste »Gemeinde Christi«.

22. Mai 1525 Eine Schar münsterscher Bürger versucht, das Niesing-Kloster zu überfallen. Die Einschränkung klösterlicher Sonderrechte wird gefordert und für die Dauer eines Jahres auch erreicht.

1526 Der (erste) Vertrag von Dülmen erkennt die Errungenschaften von 1525 wieder ab.

1527 Reformation in Tecklenburg und Rheda.

1528 Ein Mandat des Kaisers bedroht die Täufer mit der Todesstrafe. Ein Jahr später wird dieses Mandat vom Reichstag zu Speyer übernommen. Fortan werden die Täufer blutig verfolgt.

1529 Das Marburger Religionsgespräch zwischen Zwingli und Luther scheitert am Abendmahlsstreit. Die Spaltung der Reformierten ist unausweichlich.

1530 Reichstag zu Augsburg, die Protestanten erstellen ihre Confessio Augustana.

1531 Die Anhänger der Confessio Augustana gründen den Schmalkaldischen Bund.

1531 Der Täuferführer Melchior Hoffmann gebietet zum Schutze seiner Anhänger, die Erwachsenentaufe für zwei Jahre auszusetzen.

**Reformation und Täufertum in Münster**

1530/31 Bernhard Rothmann beginnt, in St. Mauritz reformatorisch zu predigen.

29. Aug. Rothmann wird erstmals angemahnt, seine aufrührerischen Predigten einzustellen.

**1532**

7. Jan. Rothmann muss nach Münster fliehen.

23. Jan. Rothmanns erste Schrift erscheint als Druck, die »Confessionis Doctrinae Bernardi Rothmanni polimisthaei Epitome« (übersetzt von Ratsherr Johann Langermann »Eyne korte bekanntnisse der lere«).

18. Feb. Auf Antwort auf die zögerliche Haltung des Rats predigt Rothmann vor St. Lamberti, die »Gemeinheit« Münsters gilt bereits als lutherisch. Der Rat ist – so kurz vor der Neuwahl – handlungsunfähig.

19. Feb. Ratswahlen: 19 katholische und 5 lutherische Honorationen werden in den Rat gewählt.

23. Feb. Rothmann erhält die Schlüssel von St. Lamberti.

24. März Bischof Friedrich von Wied legt sein Amt nieder. Zuvor hat er sein Bistum an Herzog Erich von Braunschweig-Gubenhagen, Bischof von Paderborn und Osnabrück verkauft, der nun neuer Landesfürst wird.

17. April Der Bischof verlangt die Auslieferung Rothmanns. Daraufhin wird ihm das Predigen verboten.

14. Mai Erich von Braunschweig-Gubenhagen stirbt, sein Nachfolger wird Franz von Waldeck. Die Wahl findet am 1. Juni gegen die Regel nicht in Münster, sondern in Lüdinghausen statt.

19. Mai Rothmann disputiert erfolgreich im Fraterhaus zu Münster.

20.Mai Eine Abordnung unter Führung eines Bürgermeisters und eines Altermannes verlang von der Äbtissin die Einsetzung eines evangelischen Kaplans im Kirchspiel Überwasser.

Mai bis Juli Die evangelischen Geistlichen Brictius tom Norde, Johann Glandorp, Heinrich Roll, Gottfried Strahlen und Peter Wirtheim treffen in Münster ein.

1. Juni Franz von Waldeck wird Bischof und rügt den »Aufruhr« in der Gemeinheit.

30. Juni Eingabe der Gemeinheit an die Alterleute.

1.Juli Bei einer Versammlung im Schohaus treten die Gilden für Rothmann ein und gründen (wie 1525) einen Ausschuss von 36 Mann, der sie gegenüber dem Rat vertreten soll.

15. Juli Religionsvereinbarung: Gildenführung, Rat und Gemeinheit schließen einen Vertrag, der die Gründung einer evangelischen Gemeinde auf Basis der Lehre Rothmanns möglich macht.

23. Juli Der Nürnberger Religionsfriede (Nürnberger Anstand) gewährt gegen Türkenhilfe den lutherischen Reichsständen freie Religionsausübung.

10. Aug. Sämtliche Pfarrkirchen Münsters werden evangelisch, der katholische Gottesdienst wird eingestellt.

16. Aug. Rothmann veröffentlicht seine »Korte anwisonge der mißbruch der romischen kerken« (16 Artikel).

31. Aug. Das Domkapital erteilt Franz von Waldeck den Auftrag, die »Neuerungen« in Stadt und Stift Münsters zu unterdrücken.

3. Sept. Trotz eines kaiserlichen Mandats zugunsten der evangelischen Stände fordert der Kaiser von Waldeck auf, gegen die Zustände in der Stadt anzugehen.

17. Sept. Von Waldeck erlangt in Billerbeck die Unterstützung der Ritterschaft, er lässt Straßensperren errichten und Güter beschlagnehmen.

23. Sept. Bernd Knipperdolling erwirkt ein Mandat des Reichskammergerichts an Bischof und Domkapitel, nichts gegen die Stadt Münster zu unternehmen.

25. Okt. Die Gildenführung beantragt, 300 Söldner in Dienst der Stadt zu stellen.

5. Nov. Gildegenossen und Gemeinheitsbürger schwören sich gegenseitig Treue.

7. Nov. Auf Antrag der Gemeinheit bittet die Stadt den Schmalkaldischen Bund, darauf einzuwirken, dass der Bischof seine Feindseligkeiten einstelle. Der Antrag wird in Augsburg abgelehnt.

21. Dez. Der Landtag in Telgte wird von Münster nicht beschickt.

26. Dez. Münstersche Bürger überfallen den Landtag und nehmen Geiseln. Es kommt zu Verhandlung mit von Waldeck, bei denen der Landgraf Philipp von Hessen vermittelt.

**1533**

Januar Münster beantragt die Aufnahme in den Schmalkaldischen Bund und erwägt, die neue Kirchenordnung durch den Kurfürsten von Sachsen und den Landgrafen von Hessen begutachten zu lassen. Johann von der Wieck wird Syndikus der Stadt Münster.

14. Feb. Der (zweite) Vertrag von Dülmen erkennt Münster als evangelische Stadt an.

März Ratswahl: mindestens 16 von 24 Ratsherren sind nun lutherisch.

April Rothmann legt seine, im Auftrag des Rats erstellte Kirchen-, Zucht- und Schulordnung vor. Marburger Theologen lehnen seinen Entwurf ab.

Mai Melchior Hoffmann wird verhaftet.

Juli Der Melchiorit Johann Bockelson aus Leiden weilt in Münster.

7./8. Aug. Rothmann disputiert erfolgreich gegen evangelische sowie katholische Geistliche über die Kindstaufe.

August Rothmann erhält vom Rat Predigtverbot und wendet sich erstmals gegen die Obrigkeit, indem er meint, in dieser Frage Gott gehorchen zu müssen.

September Endgültige (innere) Trennung von Rothmannisten und Lutheranern.

7. Sept. Staprade weigert sich, Kinder zu taufen; etliche Eltern und Ratsherren hatten demonstrativ ihre Kinder zu ihm gebracht. Rothmann nimmt ein »christliches Widerstandsrecht« gegen weltliche Obrigkeit in Anspruch.

17. Sept. Die Wassenberger Prädikanten weigern sich in einem Brief, die Stadt zu verlassen, und rufen die Gilden um Hilfe an. Sie erklären die Unabhängigkeit der Gemeinde vom Rat. Daraufhin schließt der Rat deren Kirchen.

3. Okt. Rothmann gesteht dem Rat das Recht zu, für Wahrheit und Frieden zu sorgen und akzeptiert Predigtverbot.

6. Okt. Landtag zu Rheine: Münster und kleinere Städte gesuchen den Landesherrn, für eine allgemeine Ordnung und Reformation der kirchlichen Dinge zu sorgen.

22. Okt. Rothmann vollendet seine »Bekenntnisse von beiden Sakramenten« (gedruckt im November).

Ende Okt. Das Gerücht, Hoffmann habe bei einer Disputation in Straßburg gesiegt, gelangt nach Münster.

1.Nov. Der Melchiorit Jan Mathys nimmt in Erwartung der Endzeit die Erwachsenentaufe in Holland wieder auf.

2. Nov. Rothmann predigt unerlaubt und setzt die Trennung von den Evangelischen in Szene. Es kommt zu Unruhen. Seine Anhänger und er werden fortan als Wiedertäufer gekennzeichnet. Die Spaltung der Stadt in drei Parteien ist jetzt offensichtlich.

5. Nov. Die Unruhen erreichen ihren Höhepunkt, »vom Blutvergießen nicht fern« stehen sich die drei Parteien bewaffnet gegenüber.

6. Nov. Unter Vermittlung Wiecks kommt es zu einem Kompromiss: Predigtverbot gegen Rothmann; fünf Prädikanten verlassen die Stadt. In allen Pfarrkirchen der Stadt kann wieder lutherisch gepredigt werden.

8. Nov. Die zur Unterstützung von der Wiecks herbeigerufenen hessischen Lutheraner Johannes Lening und Theodor Fabricius erreichen Münster.

30. Nov. Die von Fabricius entworfene Kirchenordnung wird gültig.

8. Dez. Der Schmied Johann Schröder predigt öffentlich und prahlt, mit Fabricius disputieren zu wollen.

15. Dez. Schröder muss nach seiner Verhaftung durch den Rat wieder freigelassen werden, weil die Schmiedegilde dagegen protestiert.

26. Dez. Die ausgewiesenen Prädikanten sind wieder in Münster.

**1534**

5. Jan. Boekbinder und Kuiper, Aposteln des Mathys, taufen Rothmann.

Mitte Jan. Ungefähr 1.400 Münsteraner sind getauft, Bockelson und Boekbinder kommen in die Stadt. Sie predigen Gewaltlosigkeit. Zunächst lebt die Gemeinde im Untergrund und sondert sich von den »Gottlosen« (auch der eigenen Familie) ab.

20. Jan. Ein Brief Franz von Waldecks an den Landgrafen warnt vor Ausbreitung der Sekte.

23. Jan. Ein Edikt des Bischofs verlangt die Festnahme der »Wiedertäufer«; der Rat der Stadt befolgt es nicht. Es kommt zu Verhaftungen und Hinrichtungen im Stift.

29. Jan. Gerüchte, dass der Bischof die Stadt überfallen wolle.

30. Jan. Toleranzvertrag: Der Rat der Stadt Münsters duldet die Täufer in seiner Stadt und ruft auf, einer solle den Gauben des anderen achten.

Anfang Feb. Von der Wieck verlässt heimlich die Stadt, wird vom Bischof gefangen und später hingerichtet.

3. Feb. Auf dem Landtag in Wolbeck wird der Bischof ermächtigt, die Ritterschaft bereit zu halten und die Täufer festzunehmen

8. Feb. Zwei Frauen erheben erstmals den Bußruf in Münster. Knipperdolling und andere Bürger folgen.

9./10. Feb. Ein Bürgerkrieg droht. Zum ersten Mal bewaffnen sich die Täufer. Der Droste von Wolbeck wird von evangelischen Bürgern in die Stadt gerufen. Katholische Bürger schreiben dem Bischof, der jedoch zu spät die Stadt erreicht. Bürgermeister Tilbeck wahrt den Burgfrieden, indem er warnt, sonst würde der Fürst die Stadt einnehmen. Die Täufer erleben ihre Rettung als göttliches Wunder.

11. Feb. Himmelserscheinungen rufen ekstatische Szenen auf dem Markt hervor.

17. Feb. Franz von Waldeck bietet die Ritterschaft auf.

23. Feb. Franz von Waldeck nimmt Hauptquartier in Telgte. – Ratswahl in Münster. Der neue Rat genießt das Vertrauen der nun überwiegend täuferischen Bürgerschaft.

24. Feb. Knipperdolling und Kibbenbrock werden Bürgermeister, Johann Mathys predigt erstmals in der Stadt, den feindlichen Obrigkeiten nicht mehr zu gehorchen. Es kommt zum Bildersturm.

25. Feb. Erste Kriegsvorbereitungen der Stadt Münster.

27. Feb. Weitere Kriegsmaßnahmen des Bischofs. – 2.000 »Gottlose« werden aus der Stadt getrieben.

Feb. Die Gütergemeinschaft wird eingeführt, Ungetaufte werden zur Taufe gezwungen. Mathys ermordet den Schmied Rüscher. Die Stadt verbessert ihre Befestigungsanlagen.

Feb./März Getaufte strömen nach Münster, wo sie glauben, Gottes nahendes Strafgericht überleben zu können.

5. April Am Tag des prophezeiten Weltgerichts zieht Mathys vor die Stadt und wird von Landsknechten erstochen. Bockelson wird neuer Führer.

16. April Wilhelm Bast glückt ein Brandanschlag in Wolbeck.

Mitte Mai Aufgrund »göttlicher Eingebung« ordnet Bockelson die Regierung neu und errichtet eine Herrschaft der 12 Ältesten. Trotz Abschaffung der jahrhundertealten Ratsordnung bleibt die Stadthoheit zu größtem Teil in Hand der alten Bürgerschaft. Etwa 200 Söldner laufen an die Stadt über.

25. Mai Die Stürmung der Stadt bleibt erfolglos, weil betrunkene Landsknechte zu früh losschlagen.

29. Juni Die Einrichtung der Mehrehe für Männer Mitte Juni führt zum Aufstand unter Mollenhecke, viele Hinrichtungen.

31. Aug. Der zweite Sturmangriff scheitert kläglich.

September Bockelson wird »Johann von Gottes Gnaden König in dem Neuen Tempel Gottes, ein wahrhafter Diener der Gerechtigkeit aus Kraft der Stadt Münster«. In seinem148 Leute zählenden Hofstaat sind 66 Münsteraner, Knipperdolling wird »Statthalter« (Stellvertreter des Königs), Rothmann »Worthalter« (oberster Prediger), Hermann Tilbeck »Hofmeister«, Heinrich Krechting »Kanzler«.

13. Okt. »Großes Abendmahl«: Die anschließende Weltmission, Aussendung von 27 Prädikanten, scheitert. Man hofft auf Befreiung zu Ostern 1535.

Oktober Heinrich Graes verrät die Münsterschen Apostel. Bernd Knipperdolling stellt Bockelsons Herrschaft in Frage.

8. Nov. Ein Treffen der Fürsten in Essen beschließt, Franz von Waldeck weiterhin zu unterstützen.

Anfang Nov. Die Verhandlungen mit dem Unterhändler Theodor Fabricius scheitern; die Stadt lehnt es ab, aufzugeben.

Dezember Auf die Nachricht, dass die ausgesandten Apostel hingerichtet sind, schreibt Rothmann »Von der wrake«.

13. Dez. In Koblenz beschließen die Vertreter dreier Reichskreise, die Kosten des Krieges gegen Münster vom Februar 1535 an für sechs Monate zu übernehmen. Graf Wirich von Daun soll den Oberbefehl erhalten.

**1535**

2. Jan. Der Artikelbrief Bockelsons regelt die Verteidigung neu.

10. Jan. Wirich von Daun wird Oberbefehlshaber.

Januar Etwa 1.000 bewaffnete Täufer werden auf dem Weg nach Münster vom Herzog von Geldern vernichtet.

11. Feb. Die Arbeiten am umschließenden Wall beginnen.

März Der Belagerungsring um die Stadt wird geschlossen; es können keine Lebensmittel mehr hineingelangen. In den Niederlanden als Entsatzheer aufbrechende Täufer werden auf dem Weg vernichtet.

28. März Die Prophezeiung Bockelsons, Münster werde an diesem Tag befreit werden, trifft nicht ein.

April 1535 In Worms sagen 10 Reichskreise Unterstützung gegen Münster zu. Sie erhalten das Recht, nach der Eroberung über die Zukunft der Stadt zu bestimmen.

Ende April Alte Leute, Frauen und Kinder ziehen wegen des zunehmenden Hungers vor die Stadt, die Männer werden von Söldnern erschlagen.

7. Juni Bockelson lehnt erneut ab, die Stadt zu übergeben.

12. Juni Bockelson lässt seine Frau, Elisabeth Wantscherer, hinrichten.

24./25. Juni Der Verrat Heinrich Gresbecks und Hänsken van der Langerstrates öffnet den Bischöflichen die Stadt, etwa 300 Täufer halten sich noch lange in der Wagenburg auf dem Markt. Über 600 Leute werden bei der Eroberung und in den nachfolgenden Tagen erschlagen. Fünf Führer der Täufer – Bernd Knipperdolling, Johann Bockelson von Leiden, Bernd Krechting, Gerlach von Wullen und Johann Kerckerinck werden verhaftet.

29. Juni Franz von Waldeck zieht in die Stadt ein.

Ende Juli Das Kriegsvolk (bis auf zwei Fähnlein) zieht ab.

24. Juli Verhöre von Knipperdolling, Bockelson und Krechting in Dülmen.

27. Juli Der Erbmann Kerckerinck (Schwiegervater des Bischofssohnes Christoph von Waldeck) wird in Dülmen heimlich vor ein Gericht gestellt und enthauptet, wohingegen der fünfte Gefangene, der Edelmann Gerlach von Wullen, begnadigt wird.

**1536**

6. Jan. Ein Inquisitionsgericht fällt in Wolbeck das Todesurteil über die drei Führer der Täufer, Bernd Knipperdolling, Johann Bockelson von Leiden und Bernd Krechting. Ihnen soll mit glühenden Zangen das Fleisch von den Knochen gerissen und anschlie-

ßend Gurgel und Herz mit glühenden Eisen durchstochen werden. Die toten Leiber sollen in eisernen Körben an St. Lamberti aufgehängt werden.

19. Jan. Die Gefangenen werden nach Münster gebracht, wo der lutherische Hofkaplan von Waldecks, Johann van Syburg, mit ihnen spricht.

20./21. Jan. Die drei werden in Münster zum letzten Mal gütlich und peinlich verhört.

22. Jan. Das Urteil vom 6. Januar wird auf dem Markt zu Münster verlesen und im Verlaufe von vier Stunde vollstreckt. Anschließend schlagen sich die Henker um die Kleider der Toten.

April Franz von Waldeck erlässt eine »Neue Ordnung«: Bürgermeister und Rat werden vom Fürsten eingesetzt, die Gilden verboten.

**Nachgeschichte**

1540 Das Münsterische Täufertum kann als erloschen gelten.

1541 Die Stadt Münster erhält ihre Privilegien zurück.

1553 Gilden und Ratswahlen werden wieder zugelassen.

1555 Der Augsburger Religionsfrieden besiegelt die Reformation in Deutschland. Die Confessio Augustana wird als einzige Konfession neben der Römisch-Katholischen rechtlich anerkannt.

# LITERATUR

Das folgende Verzeichnis soll keinen umfassenden Blick über die zu den Ereignissen in Münster vorhandene Literatur liefern. Weiterführende Aufsätze und Monographien finden sich in den genannten Arbeiten. Besonders hinzuweisen ist auf die Arbeiten Kirchhoffs und Laubachs.

## Quellen

Karl Adolf Cornelius (Hg.): Berichte der Augenzeugen über das Münsterische Wiedertäuferreich, Münster 1853. (Enthält im wesentlichen den Bericht des ehemaligen Täufers Heinrich Gresbeck. Die Einleitung von Cornelius ist noch immer lesenswert.)

Heinrich Detmer (Hg.): Kerssenbrocks Wiedertäufergeschichte (Die Geschichtsquellen des Bistums Münster, Band 5 und 6), Münster 1900. (Kerssenbrocks Schrift in der lateinischen Originalfassung. Auch hier ist die über 450 Seiten lange Einleitung über das Leben des Verfassers und seine Glaubwürdigkeit noch lesenswert.)

Richard von Dülmen: Das Täuferreich zu Münster 1534–1535. Berichte und Dokumente, München 1974. (Hochdeutsche Auszüge der Schriften Gresbecks und Kerssenbrocks sowie etliche andere Dokumente.)

Laner: Geschichte der Wiedertäufer zu Münster in Westphalen. Nebst einer Beschreibung der Hauptstadt dieses Landes. Aus einer lateinischen Handschrift Hermann von Kesserbrock übersetzt. Mit Kupfern. Auf Kosten des Übersetzers., o.O. (Selbstverlag) 1771. (Dieses Werk ist wegen der der äußerst schlechten Übersetzung zur wissenschaftlichen Verwendung leider wertlos.)

Robert Strupperich (Hg.): Schriften Münsterischer Täufer und ihrer Gegner. Drei Bände, Münster 1970–1980. (Schriften Rothmanns, katholische und evangelische Gegenschriften (Dorpius).)

## Zur Einführung in die Geschichte der Reformation

Peter Blickle (Hg.): Bauer, Reich und Reformation. Festschrift für Günther Franz zum 80. Geburtstag am 23. Mai 1982, Stuttgart 1982.

Bernd Moeller: Deutschland im Zeitalter der Reformation. Zweite, durchgesehene und bibliographisch ergänzte Auflage (Joachim Leuschner (Hg.): Deutsche Geschichte, Band 4), Göttingen 1981.

Rolf Sprandel: Verfassung und Gesellschaft im Mittelalter. Zweite, überarbeitete Auflage, Paderborn 1975.

Hans-Ulrich Wehler: Der Deutsche Bauernkrieg 1524–1526 (Geschichte und Gesellschaft, Sonderheft I), Göttingen 1975.

Rainer Wohlfeil: Einführung in die Geschichte der Reformation, 1982.

## Zu den Täufern

Klaus Deppermann: Melchior Hoffmann. Soziale Unruhen und apokalyptische Visionen im Zeitalter der Reformation. Mit dreizehn Abbildungen im Text, vier Kunstdrucken-Tafeln und einer Farbtafel, Göttingen 1979.

Hans-Jürgen Goertz: Die Täufer. Geschichte und Deutung, München 1980.

## Zur Reformation in Westfalen

Alois Schröer: Die Reformation in Westfalen. Der Glaubenskampf einer Landschaft, Münster 1979.

## Zu den Täufern in Münster

a) wissenschaftliche Bearbeitungen:

Gerhard Brendler: Das Täuferreich zu Münster 1534/35, Berlin (Ost) 1966. (In der historischen Wertung irrig. Wohl aber zeigt seine ausführliche Analyse der bis dato erschienenen Literatur die erstaunliche Abhängigkeit der Geschichtsschreibung von den aktuellen politischen Konstellationen.)

Karl Adolf Cornelius: Geschichte des Münsterischen Aufruhrs in drei Büchern. Zweites Buch. Die Wiedertaufe, Leipzig1860. (Cornelius gilt als Pionier der modernen Täuferforschung. Er bezweifelte als erster die Autorität Dorpius' und Kerssenbrocks. Jedoch übertrug er allzu leichtfertig Vorstellungen seiner Zeit auf das 16. Jahrhundert.)

Karl-Heinz Kirchhoff: Das Phänomen des Täuferreiches zu Münster 1534/35. Fortschritte der Forschung und Bilanz, in: Franz Petri, Peter Schöller, Alfred Hartlieb von Wallthor (Hg.): Der Raum Westfalen. Fortschritte der Forschung und Schlußbilanz (hg. im Auftrag des Landschaftsverbands Westfalen-Lippe, Schriftleitung: Maria Elisabeth Grüter, Kartographie: Thomas Kaling), Münster, Bd. vi/I, 1989, S. 277–422. (Kirchhoff kann – nach 30 Jahren Beschäftigung mit dem Thema – unbestritten als »Kapitän« der Täuferforschung angesehen werden. Von seinen zahlreichen Schriften soll hier nur diese eine genannt werden – die anderen finden sich im Literaturverzeichnis dieser Arbeit, das die neuere Literatur umfassend wiedergibt.)

Ralf Klötzer: Die Täuferherrschaft von Münster. Stadtreformation und Welterneuerung (Reform.-Gesch. Stud. u. Texte 131), Münster 1992.

Ernst Laubach: Reformation und Täuferherrschaft, in: Franz-Josef Jakobi (Hg.): Geschichte der Stadt Münster, Münster 1993, S. 147–216. (Gute, übersichtliche Darstellung der Ereignisse, dazu ein kommentiertes Literaturverzeichnis, das auf die wichtigsten Werke hinweist.)

Otthein Rammstedt: Sekte und soziale Bewegung. Soziologische Analyse der Täufer in Münster 1534/35, Köln 1966. (Verwertet als erstes Werk die von Kirchhoff erforschte Sozialstruktur der münsterschen Täufer. In seiner Einzigartigkeit noch immer lesenswert.)

b) sonstige:

(Das münsterische Täufertum hat eine Flut an literarischen, halb-literarischen oder einfach nur reißerischen Darstellungen hervorgerufen. Davon sollen hier nur drei genannt werden. Außerdem sei auf die Arbeiten Dürrenmatts und Hauptmanns (Fragmente) hingewiesen.)

Ulrike Halbe-Bauer: Propheten im Dunkel. Kunne Brockötter erzählt vom Täuferreich zu Münster, Münster 1984.

Helmut Karasek: Die Kommune der Wiedertäufer. Bericht aus der belagerten und befreiten Stadt Münster, 1535, Berlin 1977.

Friedrich Reck-Malleczewen: Bockelson. Geschichte eines Massenwahns, Wiesentheid 1946.